天皇制国家の古層

深草化人

東京図書出版

天皇制国家の古層　目次

分別があるなら、老いた馬は早めに引退させよ

ホラティウスより

プロローグ　渡来人

一

日本列島には縄文時代以来同じ日本人が居住していたという先入観があるが、その民族構成は時代とともに変化している。日本列島の国家形成はユーラシア大陸の民族移動の結果の一つであり、縄文人自体さまざまな渡来人が積み重なったものである。

民族移動は人類が出現した時からあるが、日本列島の国家形成に関わる象徴的な地点としては紀元前二千年頃のイラン高原西南部のザグロス山中を挙げることができよう。人類最古の文明と言われたシュメール人はザグロス山脈を拠点にしていたエラム人やグテイ人などの来襲によって滅ぼされている。高山に大洪水があったという聖書の不可解な伝説はこれらの山人の来襲を物語る可能性があろう。シュメール人は四散し東方に移動した集団はインドではドラヴィダ人などになったと言われる。西方ないし北方のユダヤ人やアラビア人もシュメール人から派生していると考えられる。

エラム人の彩色土器は中国にも影響を与え、中国最古の王朝と言われる夏王朝は西アジアの民族移動の結果であると言われる。エラム人に次いでカッシート人がメソポタミアからインドに移動して文明の伝達者になっている。紀元前千年頃にはパレスティナにおける争いでエドム人やフルリ人が移動したが、エドム人が日本列島の出雲にまで達しているかすかな痕跡もある。もしエドム人が日本列島に渡来していたとするならば、すぐ後に発生したヒッタイト人やユダヤ人やフェニキア人が到達していても不思議ではないであろう。

浜田秀雄によるとチベットの氐人はグテイ人に由来しているようであり、この山族は東南アジアではモイ族と言われ、初子殺害の風習で知られている。一方チベットにいたモン族やクメール族はもとはインド・ヨーロッパ系の民族であったが、東南アジアに移動している。モン族はマレー半島に出自しているが、クメール族はカンボジアに出自し、中国の東部を北上し、殷時代に人（Ren）、方（Fang）、土方（Tufang）などと呼ばれたのは彼らのようである（『中国』中央文献出版社）。モン族とクメール族は次第に融合してモンクメール人になったと見られる。

大陸の西北部にいたアーリア人も玉突きのように西アジア人の移動に連関しているようである。インドに流入したアーリア人は単独にあるいは先住のドラヴィダ人との混血アーリア人としてインドシナ半島を越えて日本列島や朝鮮半島にまで移動した可能性がある。日本列島にも無関係ではないツングース族は中央アジアに展開していたアーリア系のスキタイ人や匈奴に圧迫されてモンゴルや満州から南下し、朝鮮半島、一部は日本列島に流出している。

ツングース族は今はシベリアに居住しているが、元来は中国本土に拠点を置いていた民族である。中国中原は紀元前三千年紀にはツングースと三苗が居住しており、ツングースはいわゆる洪水以後東に進んだ漢民族に圧迫されて北上したようである。その間に北ツングースと南ツングースに分岐し、北ツングースは狩猟を生業とし、南ツングースは農耕を生業としている。南ツングースは北方的でないだけでなく、中国以南の要素も加わっている。そのほかに遊牧ツングースがある。無論これらのツングースに融合関係があり、農耕ツングースも騎馬民族的な要素を持つようになっている（シロコゴロフ『北方ツングースの社会構成』）。

線状文土器を持つツングースの濊族は縄文中期に西日本を中心に渡来しており、扶余族とモンクメール系の貊族が混血した高句麗も弥生時代の日本列島に渡来している。ツングースは自らをエヴェンキあるいはオロチ（オロチョン）と呼んでいるが、出雲神話におけるヤマタノオロチは沿海州のオロチョンが越地方に進出していたことを物語るものであろう。無論中国自体からの渡来があり、紀元前一千年紀に越に滅ぼされた呉、また周王朝に圧迫された越の流民が朝鮮半島や日本列島に流入する。

縄文時代以来の渡来人に関して見た場合、縄文時代前期から中期にかけて東北北部から北海道南部にかけて円筒土器が多く見られるが、これは中国東北部の興隆窪文化の平底円筒型土器と似ている。これは単に交流や交易ではなく、人的移動をも示唆するものであろう。浜田によると山族は縄文中期以降日本列島の北部にも進み、亀ヶ岡式土器は彼らが残した可能性がある。モン族は日本列島では西日本にシンガつまり獅子に由来する鹿家など地名を残している。縄文末期の夜臼式土器はモンクメール族が残した可能性がある（浜田秀雄『日本の起源』）。

各地からの日本列島への渡来の起点であるシュメール人が直接に日本列島に渡来したという証拠は見出し難い。しかし文明の伝達には直接的な移動だけではなく、間接的な伝播がある。そうした民族の移動には南の海路だけでなく北の陸路も存在する。南ルートからはインド人だけでなくアラビア商人が日本列島にまで来航している可能性がある。インド史家によれば紀元前六世紀以前からインド人はギリシアやフェニキアとの通商交易に従事しており、西暦一世紀から二世紀にかけてインド人はマレー半島、スマトラ、ボルネオ、安南に植民地を作っている（木村日紀『印度史』）。インドと中国の間の通商路は紀元前数世紀には開かれていたと考えられるが（『岩波講座　東南アジア史』1）、インドから東南アジアまでは海岸沿いであり、東南アジアから日本列島には大した航海術なしにでも黒潮に流されて到達する。他方エラム人などは陸路を移動したと考えられ、中央アジアではスキタイや匈奴、月氏やサカ族が媒介者として存在している。

民族の移動は物質文明とともに精神的な文化の伝達を伴っている。青銅器の技術は中国や朝鮮半島からだけでなく東南アジアからも流入したと考えられる。アラビア人は紀元前八世紀にヒッタイトの製鉄技術を砂鉄が豊かな国東半島にもたらした可能性がある。製鉄技術は紀元前一千年紀の巨石時代のドラヴィダ人も持っており、恐らく彼らとともにいわゆる失われたユダヤ十部族の一部が渡来している。彼らはまず九州に到着し、さらに伊勢に移動し、その後東北に移動したと考えられる。一神教のユダヤ教は日本にも何らかの刺激を与えたようである。しかしその後の展開を見ると日本の主要な宗教は多神教的なものとなっており、ここには影響と乖離の両面がある。

古代人にとって無視しえない信仰について見ると、まずシュメール人は蛇信仰や聖牛信仰で知られる。インダス文明はシュメールの聖牛信仰を伝達する中継地になり、それはさらにドラヴィダ人に受け継がれる。日本列島では聖牛信仰はすたれるものの牛頭天王という変形された形で存在している。その由来は明らかでないが、蛇信仰は縄文以降の日本列島でも見られる。シュメール人の日本列島への関わりは例えばその豊饒女神イナンナが何らかの形で日本列島に及び、稲荷信仰に転じた可能性に見ることができる。同様なことは今日では門前神に落とされているアラハバキ神がアラビアでは最高神であったことにも見られる。チベットの神ボンはシュメールに由来しており、彼らはまた天界と地界を結ぶ霊縄による天上神の降下説を持っている。日本列島の宗教がユーラシア大陸の様々な要素の融合によって生じていることは明らかである。神道はかつては固有信仰とされたものであるが、実はその基底にあるのはユーラシア大陸の様々な宗教要素なのである。

日本列島に渡来した民族がきわめて多様なものであったことは日本語の構造に現れている。日本語はウラル・アルタイ語族に属するとされるが、そこには南島語などきわめて多様な言語要素が加わっている。シュメール語はドラヴィダ語や日本語と同じ膠着言語であり、これらの多くは母系制の集団でもあった。なかでも無視できないのがドラヴィダ系のタミル語である。

それは直ちに日本語の起源がタミル語にあるということではなく、タミル語も主要な構成要素になっているということである。日本語にはアラビア語、さらにヘブライ語の要素も入っている。総じて南方のオーストロネシア語系は日本語の基礎語彙の多くを与え、統辞法はウラル・アルタイ語系が支配的になる。そうして今日ではそれらの言語は日本語という独特な言語に融合している。

日本語の構成要素がきわめて多様であることは、それらの言語を持つ多様な民族がかなりの程度において列島に渡来していることを推測させるものである。ナラという言葉は朝鮮語の国という意味であり、奈良は朝鮮半島からの渡来人が国という意識を持って名づけた地名であろう。壱岐は九州への侵入拠点の位置にあるが、ここに残されている村という意味の「触れ」という語は朝鮮語のプレから来ており、それはドラヴィダ語に遡るとされている。

言語とともに変化しにくいのは衣装である。たとえば古墳時代の埴輪の武人の衣装は四世紀の高句麗の角抵塚古墳の武人の衣装にきわめて似ている。それはだぶだぶのズボンを膝の下で結んだものであり、騎馬民族に特有のものである。これはこれらの武人がそのボスとともに高句麗から来たことを推定させるであろう。それまでの日本列島の倭人の服装は男子は横幅つまり腰巻であり、これはインドから東南アジアにかけて広く分布している。日本列島の国家形成は衣装的に見れば北方からのパンタロン族が南方からの腰巻族を支配する形で成立している。

しかし主として採集経済をしていた縄文時代には階級差は顕著なものではなく、原始共産制的な社会であったと考えられる。したがって酋長的なリーダーはあっても国家と言えるほどのものはありえなかったであろう。弥生時代に始まる水田耕作や金属器を伴う国家形成はインドや中国や朝鮮半島からのさらなる民族移動が前提になっている。日本列島に多様な民族が流入したであろうことは、ユーラシア大陸の吹き溜まりとしての地理的な位置から当然予想できるところである。そうして渡来人の多くは他民族からの圧迫による難民的な性格を持っている。

ここで渡来人という言葉について付言すれば、いわゆる日本人は弥生時代の過程において渡来人と融合して形成されている。古代日本における渡来人の意義を強調した代表的歴史学者は上田正昭であったが、彼はまだ渡来人の影響だとか渡来人からの摂取という言い方をしており、あたかも日本あるいは日本人という主体や実体がすでにあったかのようである。しかし弥生時代当初はまだ日本という実体も主体も存在していなかったのであるから、むしろ渡来人が日本および日本人を作ったと言ってよい。土着の日本人というものはありえず、日本人はユーラシア大陸のコスモポリタンな諸要素からなる合成体である。国家についても同様であり、その帰結としての天皇制国家を含め古代日本列島における国家形成は端的には渡来人によって主導されたと考えられる。

しばしば渡来人が最も多くやってきたのは古墳時代の五世紀であるということが言われるが、民族の移動が何次にもわたって波状的になされた弥生時代の渡来ともっぱら職能集団が選択的にやってきた古墳時代とを単純に比較することはできない。縄文時代末期の列島の人口は十万人を下回る過疎状態であったから、弥生時代に大量の渡来人を収容する余地はあったのであろう。弥生時代の渡来人は基本的には民族移動や移住という大量現象であり、彼らが初期的な国家を形成することになったと言ってよい。これに対して古墳時代の渡来人は主に技能者であり、渡来した支配集団は多くの場合征服というよりは亡命であったのである。要するに渡来人に関しては弥生時代とそれ以後を厳格に区別する必要がある。

ともあれ日本の古代国家の形成は自生的なものではなかったのであるから、日本列島内部だけの視点では捉えられない。それも単に朝鮮半島や中国を視野に入れるだけでは不十分であり、ユーラシア大陸全体に視野を広げることが不可欠である。日本列島における国家形成が困難になっている原因は日本の歴史資料が古事記、日本書紀に始まり、それが天皇制国家以前の資料を捨象してしまったところが大きい。したがって古代国家形成については特定の意図のもとで生まれた古事記、日本書紀はそれ以外の資料によって傍証されなければならないことになる。

歴史資料に限界があるということは考古学の意味が生まれるということである。しかしこの国の考古学は必ずしも満足なものとはなっていないようである。もともと考古学は客体としての物象を対象とし、それを作った主体を捨象するという限界がある。特に金属器は国家形成に少なからぬ意味合いを持つものであり、なかでも鉄器はそうである。今日でも弥生時代には製鉄がなかったというのが「通説」のようであるが、鉄器は酸化して原形を残しにくいという特徴があり、これは物証主義による考古学の死角となるものである。弥生式土器の焼成温度をさほど上まわらない温度でも褐鉄鉱の還元はできるものであり、製鉄の遺物そのものがなくても、弥生時代でも合理的に推定できる。考古学的に確認されていないことは存在しなかったということと同じではない。考古学は歴史に物的補助線を与えるものであるが、実定的考古学はかえって歴史の理解の足枷になりかねないものでもある。

国内資料に限界があるということは外国資料の意味が生まれるということである。しかもそうした資料が乏しい現実においては、通常は信頼性を与えられていない資料にも何らかの利用価値が生まれてくる。その代表的なものは偽書とされたこともある『東族古伝』である。この書はしばしば列島内で完結しているかのように見られる日本列島の国家形成が実は東アジアの民族移動に基づくきわめて多層なものであることを示唆するものである。

二

『東族古伝』は十世紀の契丹において成立したとされるものであるが、その由来は判然としていない。このテキストは日露戦争中に鴨緑江軍兵站経理部長をしていた浜名寛祐が瀋陽城外のチベット仏教寺院（黄寺）で発見したとされる。それももとはある陵にあったものを寺が保管していたといういわくつきのものである。このテキストは遼西の山中で意味不明の詞章が発見され、その解明のために契丹史の古伝を編纂したものであると神秘化されており、そこには訝しさも残る。

しかしこの古伝の主要部は当時存在していたと考えられる古史からの抜粋である。八部の古史が引用されているが、その中には奈良時代に渤海使節として来日した烏須弗と同一人物とみられる塢須弗の『耶馬駘記』も含まれており、まったく無根拠のものとは考えにくい。テキスト原本自体が失われているのみならず、引用されている古史もすべて伝わっていないから、言うまでもなくこのテキストの取り扱いには慎重さが求められる。しかしここには日本列島における支配権は東アジアを覆う民族移動に関連していることを示唆し、日本の国家形成について少なくともヒントがある可能性もある。東族とは主に宗教的な側面から規定されたものであるが、概して言えば中国を取り巻く東アジアの諸民族を意味している。

この古伝ではまず神は輝く鏡のようなものであり、鏡は「日神體」と称され、「戞珂旻（かかみ）」と読むとされていることが注目される（章別や読み方は浜名寛祐『日韓正宗溯源』に従う）。ここには神と鏡の連関の示唆があるだけでなく、その文は万葉仮名で書かれたようなところがある。このことは幾分不信を与えるであろうが、むしろ東族の言語には日本語と共通する部分があったことを示唆するものである。

堯舜も東族であり、東族は中国の中原も支配したことがあるとされている。こうしたことは東族と言われるものが広い外延を持っていることを示すものである。つまり周以来の漢民族以外の民族集団を意味しており、やがて東方に移動した集団ということになる。それは端的には漢民族を西族とした場合の、東方の集団である。殷だけでなく、夏時代の九夷や殷時代の人方などもそうであろう。

もっとも古伝は実質的には殷以後の動向を扱っており、それは三国志などで東夷と呼称されるものと重なる。古伝は殷を継承したとされる辰沄殷から始めているが、それは歴史的実在性が不確かな古朝鮮の箕氏朝鮮に当たる。この殷系国家は大東国とほぼ同義の「辰国」と表現され、古伝は主題的には「辰国」の推移を扱っている。

東族は主に宗教的な規定によるものであるが、それは民族というよりは太陽神の子孫を統治者とする集団という意味を持つものである。古伝第二章によれば、太陽神「日祖」の名はアノウシフクカルメ（阿乃沄翅報云戞霊明）と言い、シウニスサボナにおいて沐浴をした際に「日孫」が生まれたとされている。沐浴する女神が太陽の子を産むというのは『山海経』の説話を想起させるが、太陽神と河神の娘が始祖を生むというのはスキタイ系の説話にあるものであり（田中勝也）、広くは日光感精説話のヴァリエーションであると言ってよいであろう。

日祖が日子ではなく日孫を生むのは不可解のようであるが、インドの日統王系でも神の孫が人祖であり、古事記、日本書紀で孫が天下りしたとされることにも似たものがある。日孫の「孫」は子孫の意味があろう。日孫はアメミシウクシフスサナミコと言われているが、シウクシフ（辰沄繾翅報）は大東国の王という意味であり、スサナミコ（順瑳檀彌古）が名である。すでに日祖の名はオホヒルメ（大日霊）を想起させるものであり、アマテラスが東族の伝承に影響を与えられていることを予想させる。そうして日孫の名スサナミコはスサノオを想起させることは言うまでもない。つまり日本の代表的な神話的支配者は東方族の起源と連動しているのである。

日祖は日孫をコマカケ（高天使鶏）に乗せて天下りさせ、これを「神祖」と呼んでいる。ここには天下り思想が見えるとともに、太陽と魂を運ぶ使者である鳥信仰が現れている。成都の金沙遺跡からは太陽を運ぶ鳥を象った太陽神鳥が出土しているが、これはおそらく玄鳥を信じる殷と同様の海人族が残したものである。統治者は太陽の子孫であるという観念があり、殷は独自の太陽神崇拝を持っていたようである。彼らは十個の太陽が毎日順次入れ替わって昇り、皇帝はそれぞれの太陽を体現していると考えていた。すでに紀元前四千年の河姆渡遺跡からは鳥と太陽の信仰を示す双鳥朝阳が発見されており、これはまた金沙遺跡人が江南地方から移動したことを示すものであろう。

太陽神鳥の観念は海人族だけではなく、北方遊牧民あるいはインドやチベットにもある。インドの日統王系（solar dynasty）伝説では祖先神である太陽神ヴィヴィスヴァーンを生んだカシヤバはまたアルーナとカルーダという鳥神を生み、アルーナは太陽を導く神とされている。またチベットにも鳥が始祖を下すという伝説があり、チベット・ビルマ系のモソ族の鶏祖信仰は遼東地域に広がったようである（田中勝也『古代史原論』）。したがって東族の天鳥の観念には海人族と北方的あるいは遊牧民的な二重の源泉が予想される。ともあれ東族には太陽神―天下り―鳥という観念があり、これはヤマト王権が鳥見山を神聖視し、記紀の八咫烏が受け継いでいることに現れる。ところで海人族は太陽や鳥信仰とともに鳥の敵でもある蛇信仰で知られており、三苗が太陽、鳥、蛇を信奉しているのはツングースと海人系との接触を示すものであるが、このことは東族古伝では言及されていない。

東族は万方に広がり、神祖（日孫）が最初に天下りしたのはフカム（巫軻牟）であり、それをスサモリ（秦率母理）の京とするとされ（第十五章）、また軼綏韃（アシタ）に都を置き、それを神京であるとしている（第十一章）。フカムは檀君が生まれた白頭山であり、軼綏韃は檀君が都を置いたところである。したがって東族古伝と檀君神話が混交されている可能性があるが、檀君神話が文献に出てきたのは十三世紀の『三国史記』においてのことであるから、むしろ檀君神話が東族古伝から派生した可能性がある。

第五章では別の説として神祖の名はトコヨミカド、号はシウスサカであり、遼西の医無閭山の陰、次いで軼綏（アシ）の陽に天下りしたとされている。トコヨミカドは常世帝を想起させるものであり、また中国江南の東越（トコヨ）からの出自を想起させるものでもある。ミカドという日本語的な言葉に関しては、匈奴にミコトという言葉があり、後述のように匈奴は日本列島にも関わっていたから、ここに出てきても不思議ではない。

ところで先に触れられている遼西の医無閭山は辰沄殷が燕に追われて拠点を移した所であり、軼綏とは辰沄殷の王が漢に追われて南下して都を置いたとされる同音の馬韓の月支の可能性がある。とすると神祖が天下りしたとされているのは実は辰系の集団が拠点を置いた場所にほかならないということになろう。

しかし注目されるのは、東族の拠点としてさらに東冥にアシムス（阿辰沄須）氏があるとされていることである。東冥とは東海であり、東表と言われる日本列島のことであろう。つまり東族は日本にも拠点があったことを推測させる。そうして日本列島のアシムス氏は中国江南あるいはベトナムに出自している可能性がある。

浜田秀雄は九州に拠点を置いていたとされるムス氏とベトナムの務僊（ムス）の関係を述べている（『古事記のたどった路』）。これはベトナムの伝説的な鴻厖王朝の時代のことであるが、アシムスとは交趾（アシ）出身のムス氏のことであろう。この務僊氏を越王が北九州に派遣し、そこに高皇産霊神が生じたとされている。もっとも務僊は「ブセン」であって、星の仙人を意味しており、ムスとは読みがたいという難点もある（『大越史記全書』外紀、巻一）。しかしムス氏は南越（安南）だけでなく東越に関係がある可能性がある。

中国江南からベトナムにかけての諸越つまり百越の歴史は錯綜している。『史記』によれば閩越王の無諸と東海王の揺は越王の子孫であり、秦の統一後廃され、漢の時代には再興されたものの滅ぼされ、東越が起こったが、武帝は東越王騶余善を滅ぼしている。その人民は揚子江と淮河の中間地帯に移されたとあるが、その王族が北上したことは考えられないことではない。注目されることは閩越の無諸の姓は騶であり、騶無諸がムスに転化したことも考えられなくはなく、それが婆僊と融合した可能性もあるであろう。

ムス氏はおそらく百越に出自するのであろうが、注目されるのは高句麗の始祖王朱蒙はそれが反転した騶牟（スム）とも称されることである。閩越の騶王族が高句麗を建設したとすることは飛躍のようであるが、高句麗にはツングース的な要素と東越的な要素が融合した可能性がある。雛牟にしろ朱蒙にしろ神・王の古語が音転して音借したという説もないわけではないが（金思燁）、高句麗はその始祖王に関する限り東越あるいは南越に関わりがあったと考えられる。

さらに日本列島の高皇産霊神はこのムス氏を神化した可能性がある。とすると高皇産霊神は越に由来し、それとツングース的な要素が習合したものであると考えることができる。いずれにしても高皇産霊神を「生す」というような意味論的に解することは疑問であり、記紀で神とされているのは、実は日本列島を支配していた人物を神化したものと解した方がよい。ムス氏がどこに拠点を置いたかは明らかでないが、背振山地南麓の可能性があろう。高皇産霊神は皇室の祖先神の一つにされているが、皇室には高句麗の要素が入っていると考えられるから、高皇産霊神が皇祖神とされるのは理由のあることである。

ところでムス氏などの東族が南海から朝鮮半島や日本列島に移動していったとすると、東族の足跡が琉球や奄美に残っているのは不思議ではない。神祖の名の前にあるアメミ（阿珉美）は奄美を予想させる。沖縄の最初の神人はアマミという女性であるという伝承があり、久高島は最初の神人アマミキヨが降臨した土地と言われている。沖縄開闢説では、初めにアマミテ（阿摩弥姑）という女神とシニリク（志仁礼久）という男神があり、その後アマミコ（天帝子）が現れ、その長男が天孫氏、二男が按司、長女が君々（聞得大君）となったと言われている（『球陽』巻二）。このように見るとアメミの語は神祖の名あるいは日祖の名の一部のカルメを継承したものであると見てよいであろう。いずれにしても日祖と神祖は奄美や琉球を通過拠点としたと考えられる。

日祖は神祖をコマカケに命じて天下りさせたとされているが、コマカケは奄美大島の南の加計呂麻島を想起させる。さらに古伝ではフカムを治めさせたとされる神祖の子キリコエアケの名があり（第十五章）これは聞得大君を予想させる。もっともこれに関してはキリコエアケは契丹の始祖王キイタエとされており（第四十二章）、聞得大君は女性神官であるからキリコエアケを沖縄に連関させることは困難であろう。しかし神祖が当初天下りしたとされるスサモリはアシタと同様一ヵ所とは限らず、首里の可能性も全く排除することはできない。首里の語源は琉球開闢説では「しょり森」であり（吉田東伍『大日本地名辞書』）、朝鮮語を示唆している。

また古伝では東族の国をシウク（辰沄繾）と言い、その属をシウカラと言い、民をタカラ（達珂洛）とされるが、タカラはトカラ列島を想起させる。さらに加計呂麻島の諸鈍湾にはシウクにちなんだ可能性がある秋徳などの地名がある。神祖はカモ（戞勃）と呼ばれているが、加計呂麻島には伊子茂、須子茂というカモに関わる地名が残っている。日本列島の賀茂氏の名称は神祖の系統に関係がある可能性がある。

このように奄美や琉球には東族にちなむ地名や言葉が濃厚に残されており、アマテラスやスサノオ集団の移動の痕跡を残している。無論東族古伝は断片的な資料にすぎないが、極東諸国の起源を示唆するものである。他に注目されることは、引用資料の一つである『秘府録』の疏で、神祖は箔箘籍を海に追い払ったとし、それを梏盟舒（クマソ）としていることである。彼らは灘波（ナハ）を踏んで日向を荒らし、辰藩つまり辰韓に入ったとされている（第十八章）。この記述から熊襲や新羅の朴氏は江南を経由して移動していることが示唆され、熊襲は呉の難民であった可能性がある。

東族はアシムス氏に出自する寧羲騅氏によって一時は勢力を持ったものの、次第に漢民族の前に後退していった。その中で有力になったのは日本列島の牟須氏に出自したアメシウ（安冕辰沄）氏で、アメ氏は辰沄殷と近親関係があったとされる（第三十七章）。アメ氏は後に国をヒミシウ（賁彌辰沄）氏に譲渡し、その一部は日本列島に移動したとされている。そうして賁彌氏は日本列島の王（クルタシロス）に使いを出して領土の割譲を求めたようであり（第三十九章）、これが邪馬台国の始まりとなった可能性がある。

とすると東族古伝は単に東族の歴史的推移を語っているだけでなく、アメ氏天孫族が朝鮮半島から渡来し、また邪馬台国が馬韓のヒミ氏の植民地として生まれた可能性があることを示唆するものであって、古代日本国家の形成の背景を暗示するところがある。これらの記述をしているのは『賁彌国（ヒミコ）氏洲鑑』であるが、これは東族古伝の約半分を占めている。いずれにせよ邪馬台国の宗主国であった可能性があるヒミ国には相当に詳細な歴史書があったと考えられる。

三

東族と呼ばれる集団は宗教的規格を持っているが、それを担う東アジアの民族諸集団は百越から満州にかけて漢民族を取り巻いており、そこには広範な移動が予想される。そうして見ると東族の起源が遼西や朝鮮半島あるいは琉球といった所にあるとするのは疑わしいことであり、それらは東族の代表的な拠点であったということであろう。とすると東族の始源としては中国江南やベトナムだけでなく、チベットを含めたインドなどを広範に考えなければならないであろう。

インドからの移動は直接的にはアショカ王のカリンガ征伐をきっかけとしており、またマウリヤ朝の崩壊の混乱の中で流民も生じたようである。インドにおいては王権の絶対化を抑止するために、人民が時として君主を追放することがあり（Hemchandra Raychaudhuri, Political History of Ancient India, p.156f.）、またマガダ国の台頭とともに、人民の西方あるいは南方への脱出があったようである（p.168）。

インドからの渡来人が日本列島や朝鮮半島に関係があったであろうことは、例えば伽耶の始祖王首露の妃がインドのアユタ国の王女であるという伝承に見ることができる（『三国遺事』）。アユタあるいはアヨーダハはコーサラの最初の首都あるいはコーサラの前身であるアヨーダハ（Ayodhya）王国である。これはマガダ国に敗北しており、紀元前数世紀に王族が朝鮮半島に亡命した可能性がある。

しかし日本列島へのインド人の流入と関与については闇に包まれている。そこにはさらにインド古代史自体が正確に把握しえていないという困難がある。文献資料はほとんど存在せず、考古学的には例えば土器の資料もきわめて乏しく、ある程度において手がかりにあるのは地名の類似くらいなものである。こうした中で東南アジア、さらにインドの日本列島への関与について例外的な調査をしていたのが浜田秀雄である（『日本の起源』）。

浜田はドラヴィダ人そのものよりもアーリア系あるいは混血アーリア系諸国民に注目している。これは交易だけでなく植民であると見られているが、マウリヤ王朝の崩壊に伴う難民も多かったと考えられる。浜田がどういう資料によっているかは明らかでないが、かなり詳細な記述をしていることは注目されることである。

浜田は紀元前六世紀頃からのいわゆる十六大国時代から、その多くが日本列島にも進出したと見ている。まずアンガ国が南洋諸島への通商の先鞭をなしている。次いでマッラ族がマレー半島を支配し、モン族の後を受けて日本列島にやってくる。マッラ族は混血アーリアンで、イクシュヴァク王に始まる伝説的な日統王系に属していた。日統王系は月種系と並行するもので、コーサラ国など多くの王系に分岐しているが、日本の天皇制は殷などの海人系だけでなく、北方遊牧民やインドの日統王国の伝説に影響を受けたと予想される。マッラ国も当初は君主国であったが、仏陀出現以前に共和国になり、その典型とされている。首都クシナーラのマッラ族の勇気と力は周辺の諸王の気力を挫いたとされている（J.K.Bauddh, Kusinara, New Delhi）。しかしマッラもマガダ国に併合されて王政の下に立つことになっている。彼らの対外活動は新しく国を作ったのではなく、交易が主であったようである。彼らは北九州の松浦付近に進入し、クシナーラにちなんで串本など串のつく地名を残したと考えられる。マッラ国の滅亡は紀元前四八〇年頃とされているから、日本列島への進入はそれ以前ということになる。これは考古学的には板付式土器の集団に該当するとされる。

大淀川流域には日統王系に属するアヨーダハ人が国を建設している。日向の太陽の子孫の伝承は彼らに関係があったようである。彼らはアヨーダハ由来のハヤを取って自ら隼人と称しているとされるが、隼人語はオーストロネシア語系とする村山七郎の説（大林太良編『隼人』所収）があり、かなり疑問であろう。もっとも隼人語が南島語に属するとしても、それは必ずしもその出自を意味しないであろう。

マガダ国からも日本列島への渡来があったと考えられる。紀元前五世紀、彼らはまず琉球に現れ、王舎城（Rajagrh）にちなんで中城（グスク）やマガダにちなんで中頭（ガミ）という地名を残したと考えられている。彼らはさらに宇和島に現れ、山城（Girivraja）にちなんだ地名として城辺を残している。高松市の付近では仏教教団サンガから寒川が生じ、仏生山は商人団体ブーカから由来するとされている。円座は彼らが円座になって会議をした（木村）ことから来る可能性がある。土器では立屋敷と言われるもので、瀬戸内海周辺のほか唐古等から出土しており、これは遠賀川式土器群に属している。その後Naga-dasaka王の遺臣は高縄半島を占領して与和木国を作っている。他のインドからの国は合議制であったと推則されるが、この国の政体は世襲君主制であり、カースト制をそのまま維持している。

マガダ国と並んでアヴァンティ国が興っている。アヴァンティはインド西部に位置し、その王都の一つがVindhyasであった。紀元前五世紀の後半であるが、浜田によると彼らは琉球に現れ、久高島と知念岬一帯を占拠している。アマミキヨが初めて住んだ城はミントンと呼ばれているが、これは彼らの郷里のナルパダ地方のVindaつまりVinの土地を想起させるものである。アヴァンティの主力はやがて奄美諸島に進んだようである。浜田はやや変則的に、アヴァンティの女王「カルメ」の娘「アメミ」は「コマカケ」に乗って奄美大島に降臨していると解し、東族古伝の「日孫」が生まれたのは奄美であるとしている。アマミからアメミが生まれたことになろうが、その名前の由来は逆も考えられる。ともあれ東族古伝はアヴァンティ系の女王の移動を、それ以前を省略して沖縄から始めているのである。

アヴァンティはやがて島原湾に入り、Vindaにちなんで火の国を作っている。彼らはさらに大分平野に現れ、Vinが変化して豊の国になったとされるが、ブンよりトヨが先であろうから、これは疑問であろう。彼らはさらに瀬戸内海を通って大阪湾に入り、カンベ湾にちなんで神戸を残したとするのであるが、神戸はおそらく生田神社の神戸のことであろう。Vinda系に続いて同じナルパダ地方のAnuvinda系の人が現れ、彼らは奄美諸島の名瀬から進んで、北九州の有田に都したとされる。浜田はアヴァンティ系は亀ノ甲遺跡の板付II古式に対応するとしているが、典拠は明らかでない。

マガダ国はシスナーガ王朝に引き継がれ、アヴァンティは竜蛇系のシスナーガに滅ぼされている。シスナーガ王朝は紀元前五世紀から四世紀にかけて存続した。浜田によるとシスナーガ系の神祖は琉球を経て北朝鮮に進み、燕の属領であった月支国を滅ぼし、軼綏韃（アシタ）に都を置き、さらに山東地方の五原を支配したとされる。ベトナムの伝説的な鴻庬王朝もシスナーガ系のものであるとするのであるが、この王朝の婺僊が竜蛇系であるとしても、伝説以上のものとはしがたいであろう。しかしシスナーガ系の移動と東族の一部の軌跡がかなり重なっていることも事実である。

沖縄開闢説におけるシニリクはシスナーガにちなんだ可能性がある。さらに長崎県や有明海にも阿久根などのシスナーガに因んだ地名があり、九州の西海岸をほとんど支配していたようである。シスナーガ王朝の人々はその他高知県のほとんどと伊勢湾の西部を支配していたようであり、地名としては足摺、鈴鹿がそれに当たると考えられる。建御名方も読み方からシスナーガに由来するとされる。

ところで浜田は東族古伝の「日祖」の系統をアヴァンティとし、「日孫」(神祖)の系統をシスナーガであるという推論をしている。アヴァンティがオホヒルメの要素を持っていることは確かであるが、アヴァンティとシスナーガの母子関係ということは理解しがたいことであり、浜田の説は東族古伝の観点からは離れ、日祖系と神祖系をアヴァンティ系とシスナーガ系の二集団の問題にしている。アヴァンティ系統とシスナーガ系統の後を継いで日本に現れたのがベトナム系のアシムスであり、松浦半島付近に残存していたシスナーガ系はアシムスなどの保護国になったようである。

シスナーガ王朝に取って代わったナンダ王朝は紀元前四世紀前半に建設されたが、これも世紀半ば以降日本列島に進入している。沖縄諸島に進入し、地名としては名護などを残している。大和浜というのは王Mahapadmaにちなみ、Mahaに大和の字を当て、それをそのまま読んだものとされる。王のクルタシロスのシロスとは知らしめるということであるが、唐津の汲田に本拠を置いたようである。紀元前三世紀の頃であり、考古学的には櫛描文土器が該当するとされる。日孫(神祖)系は辛うじてクルタシロスの保護国になるか、朝鮮の迎日湾、山陰の美保湾、北九州の博多湾に移動したと考えられる。

ナンダ系は琉球から遼東半島に至る帯状国家を作ったが、紀元前四世紀に北中国に進入し匈奴を誘発している。匈奴にインドのミトラにちなんだミコトという言葉があることはナンダ系と匈奴が関わりがあったことを示しており、日本語に同じ言葉があるのは不思議でない。ナンダ系は日本列島では淡路島に本拠を置いたと考えられ、イサという言葉自体は南越王嬰斉から来ている可能性があるが、イザナキ、イザナミ神話は彼らが持ち込んだと考えられる。ナンダ系はその後は紀伊半島に重点を移しており、付近には加太や牟婁といった地名が残っている。匈奴も熊野も中国式に読むとhsiung nuで同音であることはナンダ系と熊野および匈奴の連関性を示しており、その土器は前野式とされている。『熊野略記』によれば、熊野の本地である阿弥陀如来はインドのマガダ国から飛んできて、英彦山、石槌山、淡路を経て熊野に来たとされているが、これはナンダ系の進路でもあろう。

インドはマウリヤ王朝によって初めて統一国家が生まれるが、秦の衰退に乗じて西日本に現れる。これは後に出てくるシュンガ王朝の仏教排斥がアショカ王朝系の人々を海外に活路を求めさせたことによると考えられる。アショカ王はパータリプトラに居住していたから、日本における王の居住地もプトラにちなんで別所とされている。彼らの船隊は薩南諸島から進入しており、奄美に蘇刈や諸鈍などの地名を残し、大阪湾に進入したと解される。考古学的には凹線文土器に該当する。彼らは天理を中心とする近畿に勢力を及ぼし、アショカ王を祖先神としていたようである。石上神宮の主祭神はフツノミタマとされているが、浜田はこれは始祖チャンドラグプタのグプを取り、フツに転化したものと解している。しかしこの解釈には異論も存在する。

浜田は奈良北部にアショカに由来するアソカ国があったことを、インドの官職名が地名として残っていることから推定している。皇帝（Samrat）は指柳として、評議員（Mahamatra）は櫟本、補佐役（Amatya）は天理、収税官（Yuta）は田、司法官（Rajnka）は平等坊、森林官（Govikartri）は帯解、御者（Suta）は杉本、将軍（Senani）は勢野としてなど。それはそういう対応の可能性があるという以上のものではないであろうが、紀元前にインドから渡来した部族が近畿に居住していたことは推測できることであり、おそらくそれが天孫族が奈良に侵入する以前の先住支配勢力の中心をなしていたのであろう。それがどの程度の国家的機構を持っていたかは不確かであり、仏教の遺物が発見されていないことは不審な所であるが、土器の出土品から見てインド系住民が奈良を中心とした西日本にいた可能性は十分に考えられることである。

すなわちこのインド系集団は古事記でアシカビヒコヂとして表されているものと考えられ、それはアショカに由来するものであろう。またその祖先神はニギハヤヒとも称される。しかしそれは速いことを美化した一般名詞にすぎず、そうしたぎこちない神名があったとは考えにくいことである。浜田は饒速日はアソカを漢字化したものであり、それを日本読みにしたものであるとしており、饒速日はアショカを表記したものであろう。ニギハヤヒには扶余的な要素もあるが、これはインドからの渡来者がツングースと融合したということであろう。この二要素はニギハヤヒを祖先神とする物部氏の構成要因でもある。彼らは盆地北部に拠点を置いたようであり、遺跡的には縄文時代以来存続している唐古・鍵遺跡が関わっているであろう。

アショカ王によって攻撃されたカリンガ国の人々の多くは海外に落ち延びることになり、朝鮮半島にも渡り、韓族の主要構成員になっている。朝鮮語には日本列島以上にドラヴィダ語の痕跡が多いのはここに由来していると考えられる。朝鮮半島の南部にはデカン地方に関わる多くの地名が存在する。浜田によるとその多くはCoromandel海岸とHyderabad付近から移動したものと考えられる。Coromandelという地名はフィリピンにも残されているが、朝鮮半島ではroだけになったようであり、『魏書』では莫盧国を始め盧がつく七つの盧国があり、日本列島の末盧国もその一つである可能性がある。後者に関してはHydeに因んだ不而県や六つの卑離国がある。

さらにKistnan川のKistnaにちなんだ臼斯烏旦国やGodavari川にちなんだ古誕者国などがあるが、これらはいずれもインドのカリンガからの難民によるものであろう。またMahanadi河口のKuttackは百済の起源に、Bilaspurは伯済（Filas）の起源になったと考えられる。さらに百済の沸流はPuriから、温祚はOrissaにちなむものと考えられる。さらに上流のRaipurは雷武御と漢字化され、それをタケミカズチと表現した可能性がある。

後に物部氏と結びつく尾張氏もインドのおそらくベンガル地方に出自する可能性があり、ここに尾張氏の祖先神である火明命がニギハヤヒと同一化される背景もあろう。尾張氏は葛城に拠点を置いたが、葛城に関して浜田はインドのMahanadi川の上流にいた人たちであり、カツラギはKhairaggrhに由来するものであるとしている。葛城の住民は韓族と同様、もとはマウリヤ朝に討伐されたインド中南部のドラヴィダ地域のカリンガ族の入植者であった可能性がある。日本書紀では葛城の土蜘蛛を身長が短く、手足が長いと表現しているが、これはドラヴィダ人の特徴である。

火明命が大和を支配したことに関しては『秀真伝』の第二十綾に、火明命が斑鳩に天下りしたが、熊野により近い飛鳥に奠都したという記事がある。アスカの地名についてはアンスク(安宿)に由来する等様々な説があるが、朝鮮語のアスは大という意味であり、カとは場所の意味であるというのが(李炳銑)最も妥当なところであろう。地名は採集経済に従っていた縄文人やアイヌ人によるものを別にすれば、列島を開拓するようになった弥生の渡来人がつけたはずであり、その意味では外来語をまず考えるべきであろう。

もっともアスカの語源はサカ族から来た可能性も考えられる。ペルシャ系であろうとされている月氏やサカ族が日本列島に渡来した可能性があり、彼らはマウリヤ王朝後、東インドを支配し、マウリヤ王朝の制度を移入したことは考えられることである。スキタイ系の月氏はギリシアではSeythianと書かれ、中国ではYuch-chiと読まれているアーリア系であり、同音の月支国は月氏が建設し、日本列島にまで達した可能性がある。スキタイ系遊牧民の国をペルシャ人はアスカ国と呼んでおり、大和のアスカの語源はサカ族に由来している可能性がある(榎本他)。マウリヤ朝はシャカ族が建てたとされ、シャカ族もサカ族であるという説があるが、これは確認されていない。

マウリヤ王朝は武臣プシスミトラによって滅び、シュンガ王朝が建てられた。その後はアグニミトラが継承し、日本列島や朝鮮半島に現れている。シュンガ人は太陽（Mitra）崇拝者として、姓の後にミトラを付加している。このシュンガ人は種子島を経て、やがて新羅と出雲に進入したと考えられる。その足跡は粟国島より始まり、種子島、さらに人吉盆地に及んでいる。シスナーガ系も考えられるが、特殊スサノオ神話を持ち込んだのは彼らであったと考えられる。シュンガ人に続いてデッカン系の人々が日本列島に向かっている。初代の王ヤジュナセナにちなんで八重山諸島などがある。彼らは鰐という言葉によって表示され、出雲神話の八十神もそれに関係があるであろう。

日本列島への越方面からの渡来については、東海王が滅んだ際に一部は南九州に移住したようである。浜田は九州西岸の吹上、水俣などはその王名にちなみ、考古学的には須玖式土器の集団に該当するとしている。彼はツキヨミノミコトも西日本に現れた東越系に属すると見ている。南越王の一族は漢の武帝に滅ぼされた後朝鮮に侵入していたが、高句麗の大祖大王が馬韓を討伐した後北九州に現れたとされている。

朝鮮半島からは西暦紀元前後に高句麗が西日本だけでなく東北日本にも侵入を重ねていたようである。浜田のやや特殊な読み方によると、高句麗の始祖王東明王（アラカシ）、諱は朱蒙（アズマ）はまず利根川河口付近から侵攻したようであるが、付近には東という地名もある。王はこの地に相加の官を派遣しているが、相加という地名もある。『常陸国風土記』に記されている足の長い異種族とは彼らのことであろう。

当然に中国からの渡来人がある。まず『山海経』で「倭は燕に属している」と言われている燕がある。燕は戦国時代に若狭湾に上陸したようであり、京都付近には最後の王喜にちなんで久世や綴喜がある。燕は越に追われたが、越の足跡としては彼らの首都会議（Kuai chi）にちなんだ地名として高槻や桂川などがあるとされる。

浜田の研究は地名研究を軸にしたものであり、土器で検証しようとするものである。それは日本列島への渡来の源泉をベトナムさらに始原的にはインドに求めることになっており、それが記紀などが排除したイワレヒコ以前の日本列島の国家形成期の環境を明らかにしていることは疑いないことである。インド土器の資料はほとんど存在しないから、それは基本的には仮説の域のものであるが、文献資料が欠けている問題に関して地名研究は基本的な重要性を持っている。無論地名の連続性など十分な論証性を備えているかどうかは課題が残っているが、少なくとも天孫族の侵入以前の列島の先住勢力が多元多層的なものであることを示している。

日本列島の国家形成が多元的であることは他に『桓檀古記』からも窺うことができる。これは二十世紀に現れた文書で、資料的価値は一段と落ちるが、古代の伝承が紛れ込んでいないとも限らない。ここでは伊都国はイワレヒコの古邑であるとされている。また扶余の陝父が狗邪韓国に到り、阿蘇山に移って多婆羅国の始祖となり、後に任那を合わせることによって安羅国と隣国となったとしており、扶余系と九州中央部との連関性を窺わせている。あるいは伊都国より東が倭であり、倭の隣に日本あるいは伊勢があるという地理観を示している。また大隅国では南蛮や屠悃彌などが朝貢しており、種子島で呉越などと交易しているが、種子島近辺で狗奴人が女王と争っているため、道を探すことが困難であると言われている。屠悃彌はドラヴィダと読まれたり、壱岐国の前身の斯爾岐国はフェニキアという読み方がなされたりすることもあるが、後者は古淳国などとともにいわゆる伽耶連盟の一員であるから、この説は疑わしくもある。いずれにしてもこれらは単なる示唆にすぎないが、何らかのヒントを与える可能性もないとは言えないのである。

第一部　王統論

I　初期的国家と邪馬台国

一　初期的国家

身分階層の分化が進んでおらず、国家についてのノウハウを持たなかった縄文以来の列島人には国家形成の条件と動機が乏しかったが、弥生時代の紀元前二、三世紀頃から初期的小国家が観察される。弥生人は在来の縄文人と新しい文物を伴う渡来人との融合によって生まれたものである。渡来人の影響は、縄文人の男子の平均身長が一六〇センチほどであったのに対して、筑後平野や佐賀平野の弥生墓地の平均身長が一六二〜一六三センチとなっていることにも示される（金関丈夫）。日本列島中心史観や歴史主体を問わない考古学視点においては初期的国家も暗黙のうちに在来の列島人が建設したかのように想定しているようであるが、初期的国家は日本列島に自生したものではなく、ほとんどすべてが渡来人によって主導あるいはそれによって触発されたものと考えられる。

ここで初期的国家というのは厳密な概念規定のものではなく、また都出比呂志の初期国家と同じではなく、作業仮説として使用されるものである。さしあたり特定の領土と人民を有し、支配組織を持つ政治的団体という程度に理解されるものである。したがって軍隊や徴税といった統治制度が必ずしも備わっていない場合を含んでいる。

初期的国家は実態的には部族的首長が支配する河川流域の共同体の域を越えて、平野を支配するような領域的な支配組織と言えよう。それは身分格差による一定の威信財のようなものを保有する王の存在を通例とするであろうが、インドからの渡来も考えられる以上、共和制の可能性を全く排除することはできない。古代インドのいわゆる十六大国にはマッラ族の共和国もあり、十六大国ではないが、シャカ族は王を持ちながらも公会堂のような施設を持ち共和制的な要素も持っていた。初期的国家にしばしば見られる高殿のような建物も単純に首長霊を祭るだけではなく、集会の施設である場合もありうるであろう。すでに縄文時代の三内丸山遺跡の長大建築物は集会場を予想させるものであった。

『漢書』「地理誌」には紀元前後に日本列島には百カ国ほどあり、そのうちには楽浪郡に朝貢するものもあったとされているが、その中には朝鮮史で言う洛邑国家のようなものもあったことであろう。文献的、考古学的に比較的早期に国家的体制が出現したのが水田稲作が発祥した北九州、特に玄海灘に面した地域であることは知られている通りである。しかしインド系の集団が近畿を中心に存在したであろうと考えられるだけでなく、高句麗系の集団が東北地方に存在したと考えられ、その国家体制の成熟度は明らかでないものの、それは単に資料の欠落であることも考えられる。

初期的国家は具体的には、魏志倭人伝における末羅国や伊都国、奴国、邪馬台国などが挙げられる。明確な王墓を持たないが威信財を多く持つ吉野ヶ里や立岩遺跡、前方後円墳直前の楯築墳丘墓を持つ吉備、王墓的なものを持つ丹波の大風呂遺跡、弥生時代最大の環濠集落で多数の大きい建築物を持つ近江の伊勢遺跡や大和の唐古・鍵遺跡などはそれに準じるものであろう。唐古・鍵遺跡では弥生前期から中期初頭にかけての木棺墓から渡来系の人骨が検出されていることは注目されることである。この遺跡から出土した土器に記された記号文には南インドの土器の記号文と同じものがあり（大野晋）、この遺跡の住民の一部がインドから渡来していたことを記すものであろう。

北九州の初期的国家のうちで早良国は最も早く国的体制を持ったようである。細形銅剣や鏡や鏡の神器が副葬されていることから、この遺跡は楽浪郡南部都尉下の昭明県が移動してきたものである可能性もある。また玉などの装身具を豊富に副葬された中核墓はオホヒルメとして伝承される巫女王的な存在を予想させる。しかしこの国は紀元前二世紀におそらくは奴国によって滅ぼされ、王族は隣の伊都国に退避した可能性がある。

末羅国の最初の王墓地である宇木汲田遺跡は付近の支石墓の存在から見て朝鮮半島から渡来した集団のものである。しかし末羅国あるいは末盧国は朝鮮半島の盧がつく六国と同胞である可能性があり、直接的には朝鮮半島からの渡来であるとしても、出自的にはインドからの最後の渡来者であったマドラスからの集団であったとする見解もある（浜田）。支石墓は南インドにも存在する。王墓の基数は多く、かなり長期にわたったものであると想定される。朝鮮半島からもたらされた多紐細文鏡は男王のものであろう。王墓群からは身体に刺さった銅剣のあるものなどがあり、その滅亡時には激しい戦いがあったことを語っている。これはおそらく奴国によるものであり（鳥越憲三郎『弥生の王国』）、末羅国は紀元前一世紀には滅亡したと考えられる。

奴国はインドのナンダ系の渡来人が作った可能性もあるものであるが、『後漢書』では倭の奴の国王が西暦五七年に後漢に朝貢して光武帝から印綬を授けられたとされている。これが志賀島出土の金印と同じものであるかは確かではない。しかし金印に記されている「漢委奴国王」が漢の倭の奴国王と読むにせよ、漢が奴国王を委嘱すると読むにせよ、あるいは場合によっては漢と伊都国と読むにしろ、漢がその国王を承認したということは確かであろう。

奴国とともに北九州における最初の王墓が確認されている伊都国については、規模の大きい支石墓が集中的に存在しており、これも渡来人のものと見られる（柳田康雄）。王墓は少なくとも三代分が発見されており、三雲南小路遺跡の一号館にはガラス璧と金銅四葉座飾金具が副葬されている。これは中国の皇帝が王侯クラスの家臣の死に対して下賜する埋葬道具であり、この男性の死者が中国から王と認識されていることを物語るものである。魏志倭人伝によると伊都国には泄謨觚や柄渠觚というような他国にない副官名があるが、これは秦に滅ぼされた周の青銅器の種類を示すものであり（正木裕）、伊都国が早くから中国と関連があったことを示すものであろう。

伊都遺跡の東には日向峠があり、韓国《からくに》に向かい、いわゆる天孫降臨に言われる立地とも合致する。言うまでもなく天孫降臨とは列島外から渡来したということである。古事記ではアマテラスが水穂の国はわが子忍穂耳命が支配する国であると宣言してニニギを竺紫の日向の高千穂の「久士布留多気」に天下りさせたとしており、日本書紀では高皇産霊尊が葦原中国に遣わすことにし、ニニギを真床追衾に包んで日向の高千穂峯に天下りさせたとしているが、ここでの日向とは九州ということである。このいわゆる天孫降臨が『三国遺事』の「駕洛国記」における首露王の出現の伝承を下敷きにしていることは知られていることである。

伽耶地方には九千と呼ばれる酋長が支配していた時代に亀旨（くじ）峰に六個の卵が降下し、最初に現れた男が首露と呼ばれている。ここには北方系の天下り思想と卵生思想が窺える。金海地域は紀元前から北方文化との接触によって鉄の生産が行われており、そこに北方系の埋蔵物が見られるのは不思議ではない。伽耶の「亀旨峰」は小山にすぎないが、首露王墓や大成洞古墳の存在から見て金海には初期的な国家があったことは予想できる。

首露王がインドのアユタ国の王女を妃としていたという伝承があり、これは紀元前の朝鮮半島にはインドからの移住者があったことを裏付けるものであろう。アユタ国はサータヴァーハナ（アンドラ）朝であるとする説もないわけではないが、一般にはコーサラの都であったアヨーダハとされている。ルートの途中にあるタイのアユタヤはアヨーダハ人が建設した可能性もある。『三国遺事』は首露の妃をアユタ（阿踰騿）国の王女許黄玉とするほか、晋州太后許氏であるという説などもあるが、これは首露王墓は嶺南観察使許曄が改築したことによる可能性もあり、妃名は付会であろう。

伊都国はイワレヒコの古邑であるという伝承があり、伊都国王は高句麗の王族であったことも考えられる。特定することは困難であり、大武神王であるという説もあるが、あえて挙げれば、大祖大王の可能性はありうるであろう。『三国史記』「高句麗本紀」によると大祖大王の初年には日本海にまで支配が及び、列島東北部を支配下に置いたようである。しかしイワレヒコが渡来して来たとしても紀元二世紀頃のはずであり、したがって大和を征服したとされる神武、実は崇神とは別人であろう。イワレヒコが大和に進んだとしても、その間に邪馬台国が成立していることからしても征服には失敗しているはずである。イワレヒコが「初国しらす」と言われるのは朝鮮半島から進んで日本列島に国を作ったという意味であろう。後の崇神にも「初国しらす」という形容があるが、これは朝鮮半島から渡来して初めて大和に支配権を構築したという意味であろう。ところで高句麗の朱蒙も新羅の赫居世も卵生であるが、イワレヒコがそうであるとはされていないのは古事記、日本書紀の作者には人間が卵から生まれることに違和感があったためであろう。もっとも豊玉姫は鰐の姿で出産したのであるが。

イワレヒコという呼び名に関しては、記紀などは同盟軍が多くいたためであるとし、あるいは岩アレから来ている等々様々な説がある。初瀬谷の近くに磐余山（西山岳）があることに関係することも考えられるが、山名は神武の伝承の後に生まれたのであろう。しかしまた「磐余」とは「強大な王の坐すところ」という意味であるという説（畑井弘『天皇と鍛冶王の伝承』）もあり、高句麗の大祖大王が新羅の六村の一つの大樹村の伊山（皆比山）に降臨したことに由来するという説、さらに高句麗消奴部が斯盧に移動した場所の名という説もあり、またこの名辞は新羅の外邑という言葉（邑勒）にすぎないという説もある（浜田）。これらによるとイワレヒコとは新羅から渡来した高句麗の武将ということである。

イワレヒコの名称を神武伝承から考察しているのは松前健である。彼は神武伝承にはイワレヒコの他にホホデミ、ミケヌ、サノ等の系があるが、イワレヒコ系が最も古いとしている。五世紀頃磐余の近辺に拠点を置いて列島の制覇行動をしていた大王を磐余の首長を意味するイワレヒコと呼び、それが創業英雄としての神武を創出し、この大王家の先祖が日向神話のホホデミと同一視され、神武東征の説話も生じたとされる（『古代王権の神話学』）。おそらく神武はこれらの要素の複合体であろう。なお畑井は日本書紀においてイワレヒコが「遂に狭野を越えて」神倉に至ったと述べられていることに関して、熊野には砂羅王狭野命の伝承があり、それがイワレヒコの諱の一つである佐野の起源ではないかとしているが、現新宮市の佐野に豪族がいた可能性はあるものの確かではない。

ところで伊都国は朝鮮半島のアメ氏が北九州に退避して移動した場所である可能性もある。とすると伊都国は高句麗系から天孫族に変化したか、あるいは両者の融合があったことになるであろう。伊都の平原遺跡の王墓と見なされるものは副葬品から見てアメ氏系統の女王の可能性がある。初期的国家の重要な任務は共同体の安寧を祈願する祭祀であるが、それは巫女のようなものが担っていた。南方からの海人族には男王と女性祭祀者の組み合わせが一般的であったのであり、朝鮮半島人も多くは海人由来だったのである。奴国のD地区にも女王の墓とみられるものがあり、オホヒルメ的な巫女王も少なからずあったのであろう。平原遺跡には剣は素環頭大刀が一本しかない半面、超大型の内行花文八葉鏡が副葬されており、これは八咫の鏡の先行形態と見られる。ここには太陽信仰の痕跡もあり、それが伊勢神宮の様式に継承されているという指摘もある。この王墓は西暦二百年前後に当たるものであり、倭国大乱を経験しなければならなかったはずである。

この地域には内外の対立があり、伊都国と奴国の連合は単に空想上のものであろう。北九州の初期的国家の中では比較的大国であった奴国には高句麗など列島外にも対抗勢力があったと考えられる。高句麗の大武神王が壱岐に渡り、閔中王が壱岐と対馬を占領し、慕本王が高官の優台を派遣して奴国を占領している（浜田）。しかし高句麗の列島支配も簡単ではなく、優台は博多湾に侵入した越系集団によって殺されたと見られる。

この間の事情をある程度示しているのは西暦一〇七年に「倭国王」帥升等が生口一六〇人を献じて後漢に請見を願ったという記事であろう（後漢書）。生口の数の多さは騒乱があったことを窺わせるものである。ところで後漢書の原本は残っておらず、『翰苑』では「倭面上國王帥升」と書かれており、北宋版『通典』では「倭面土國王師升」とされ、『通典』を引用した

『唐類函』では「倭國土地王師升」と書かれている。奴国王を承認していた後漢が帥升を倭国王として承認することは考え難く、帥升を伊都国王とする説（寺沢薫）の可能性も全く排除はできないが、面土国のような越系の国があった可能性があろう。

浜田によると後漢の初めに安南のメリン県にいた父を殺されたメゼ（徴側）姉妹が博多湾に現れており、面土はメリンにちなむようである。この件の背景は『大越史記全書』外紀、巻三が伝えている。九州では徴側は女瀬と書かれ、面土国は唐津から国東半島に至る勢力圏を有していたようである。考古学的には西新式土器が考えられる。やや不確かな面土国の所在であるが、背振山地南部には米多《めた》という地名があり、筑志米多国は面土国の後継の可能性もありえないことではない。

他方で、再侵入した高句麗は故国川王つまり男武（ナンブ）にちなんだ直方などの地名を残している。面土国は遠賀川河口を占領した高句麗によって分断され、東の方に移動したようである。徴側の残党が逃避した際に女瀬や次郎丸などの地名を残しているが、安国寺遺跡の近辺にはこうした地名が残っている。これは二世紀半ばのことである。しかし高句麗や面土国から圧迫されていた奴国は大国であることもあって邪馬台国時代にまで生き延びたようである。

奴国の東には不弥国があり、伊都国と奴国の王墓が作られた時期に石器製作などで繁栄していたようである。しかし立岩遺跡には王墓のようなものはなく、首長墓が突出せずに存在している。この国は後にいわゆる物部族と言われる部族の国であった可能性がある。南北混成集団の物部の首長は北扶余の王族であった可能性があり、彼らは馬韓を経て渡来してきたのであろう。その首長墓には前漢鏡の優品があり、当時の精神生活の環境を窺わせるものである。例えば『楚辞』を使った九号鏡の銘は読み下し文によると次のようである。

内は清貧にして以て昭明なり
光輝は夫の日月に象（に）たり
心は忽ち揚りて忠を願う
然れども壅塞して泄（とお）らず

有明海に面した最大の弥生環濠集落である吉野ヶ里は中国の要素を持つように見える。この地域には徐福や高皇産霊神の伝承もあり、江南やさらに南との関係も予想される。しかしこの国は倭国大乱に巻き込まれて壊滅的な打撃を受けたようである。

二　倭国大乱の邪馬台国

東族古伝によると西暦二世紀の頃、辰が伊鑁河畔のシロス（載龍髯）に使いを遣わし、シロスは代わりに遠鑁河と頌卑離を与えたとされている。辰とは当時辰王位にあったと考えられる馬韓の卑弥国の卑稍氏（東族古伝のヒミシウ氏）であり、彼が北九州に領土の割譲を求めた可能性がある。シロスは知ろしめす王ということであり、おそらく奴国の王であり、伊鑁河畔は行橋の犀川の可能性がある。遠鎹河と頌卑離は不明であるが、前者は鳥栖、後者は背振の可能性もなくはない。この事態は北九州における邪馬台国の建設を意味する可能性が高く、邪馬台国は卑弥国の植民地として建設されたと考えることもできる。

邪馬台国の建設は北九州に混乱を招いたようである。すでにヒミ氏と対抗関係にあったアメ氏は北九州おそらくは伊都国に拠点を置き、その南部にも関連勢力を布置していたようである。狗奴国も天孫系であると考えられ、高句麗と密接な関係を持っていたようである。天孫族は邪馬台国や奴国などの海人系とは対立関係にあり、後者の背後には新羅系の勢力が予想される。こうしてアメ氏、ヒミ氏両勢力は朝鮮半島での覇権争いから、倭国において対立抗争に発展したことが推測される。これがいわゆる倭国大乱と言われるものであり、初期国家間の覇権争いである。

倭国大乱は中国史書では、『魏書』においては「乱」と書かれ、後漢書においては桓霊間（一四六－一八九年）の「大乱」と書かれ、『梁書』においては霊帝光和中（一七八－一八四年）の「乱」と書かれているが、いずれにおいても卑弥呼が女王になって一応終結されたことになっている。倭国は二世紀の中葉以来「歴年」すなわち継続的な騒乱にあり、それは世紀後葉の邪馬台国体制の成立で終わったようである。

倭国大乱は古事記・日本書紀が邪馬台国と同様に沈黙しているために、その具体像は明らかでない。後漢王朝の混乱によって東アジアの秩序が乱れたとされているが、それは単に背景にすぎず、倭国大乱を説明するものではない。この乱の原因としては鉄の入手があるという説もあったが、それは一原因ではあったとしても、主要な原因ではないであろう。

この乱は広くは天孫系と海人系の争いと言えるであろうが、海人系も一枚ではなかったようである。この乱の最も詳細な情報を与えているのは後に触れる『秀真伝』であり、そこではハタレの乱の名の下に天照神グループとスサノオ・グループの戦いとして伝えている。『秀真伝』の天照神はアマテラスというよりは海人族であるが、それが海人系の要素も持つスサノオ・グループと対立したりしている。四隅突出型古墳を共通する出雲や越は丹波や近江とは対抗関係にあったようであり、後者はいわゆる天孫族との関連もあったようである。

さらにこの乱には列島外勢力も関与していたようである。いわゆる宮下文書では西大陸からの侵入としてその戦いを具体的に伝えているところがある。『上記』に書かれているオロシ人もこの乱に関わっていたようである。要するにこの乱は天孫系と海人系の対抗を軸に列島外勢力を巻き込んだ広範囲の動乱であったと解される。それは地域国家を越えた新しい秩序に向けた初期的国家の再編の動きであったと見ることができる。

この乱は単に北九州にとどまらず、出雲や越さらに近江や伊勢にまで広がり、西日本全体に及んだ可能性がある。大乱の地域を想定させる痕跡として瀬戸内海周辺に高地性集落が残り、また出雲の荒神谷遺跡における大量の剣や銅鐸の境界への埋納は緊張関係による呪禁を示すものであろう。この乱がかなり過酷なものであったであろうことは、おそらく巻き込まれたであろう吉野ヶ里には激しい戦闘の跡が見られることからも窺える。

倭国大乱はいわゆる神武東征と同じではないが、神武東征は大乱における天孫族の移動の天孫族的叙述と見られる。しかし仮に神武東征と言われるようなものがあったとしても、それはアメ氏天孫族体制を生んだのではなく、大和における天皇氏の支配は成立していない。それはこの乱が卑弥呼の邪馬台国体制が生まれて終結していることだけからも明らかなことであり、邪馬台国時代に天皇氏の痕跡は全く見られないからである。

いわゆる東征においては珍彦の倭氏、物部氏、尾張氏、賀茂氏、磯城氏などが協力することになっているが、それはもしイワレヒコが東征するとすればその過程において当然に出会うであろう諸氏族の紹介のようなものになっている。そうして熊野から大和に侵攻するという信じがたい記述は天孫族が高句麗系の高倉下《たかくらじ》および新羅系の稲飯命や百済系の三毛入野命などの連動によって丹生都姫を誅殺したという説話であり、天孫族の侵攻に当たっては新羅系や百済系の関与があったことを示そうとしたものであるという説（畑井）があるが、これはおおむね首肯される。

畑井によれば熊野への言及は熊野神邑を造った高句麗系海人族と本宮に依った新羅系海人族との連動を示すものである。イワレヒコの二人の兄弟は熊野近辺の祖霊であり、イワレヒコは熊野の地主神の祖霊を利用したと見られる。二人の兄弟が熊野で不自然に失踪していることは不要になったということであろう。他方でフツの御魂と言われる神剣による高倉下の制圧の説話は地元の天神御子《あまつかみのみこ》が荒ぶる神々を誅したという説話が高倉下の大和王権への服属儀礼に転化したものと解される（『天皇と鍛冶王の伝承』）。もっとも畑井は高倉下を尾張系の海人族の首領であるとみているが、大和侵攻の際に兄倉下・弟倉下に出あっていることから見ても倉下は名前と考えられ、遠賀川流域の鞍手郡一帯をクラジと呼ぶ古称があることが示すように、高倉下は物部系と見た方がよいであろう（谷川健一）。雄略紀では倉下は百済の地名で「へすおと」と読んでいる。高倉下が尾張氏の系統とされるのは、おそらくは尾張氏と物部氏の融合がなされた後にできた錯誤であろう。

もともと熊野からの北上は地形的に言って困難であり、イワレヒコは大和に達していないと考えられる。東征は熊野神邑の伝承や大伴氏の吉野山民征服の伝承などを材料に創作されたものであろう。またイワレヒコは宇陀で兄宇迦斯などを謀殺して大和に侵攻したことになっており、宇陀は辰砂の産地として知られるところであるから、それを目当てに大和に侵攻したのではないかという見方もある。しかし辰砂は所詮顔料であり、それを目的に征服を企図するというのは本末転倒であろう。崇神が後に宇陀を制圧した逸話を大和侵攻に編集した可能性もある。

倭国大乱は邪馬台国の卑弥呼の共立によって一応の終結を見ているが、邪馬台国の位置という有名な問題がある。魏志倭人伝では邪馬台（ヤマト）国は北九州から遠距離にしか考えられないが、風土的にはあたかも北九州にあったかのようにも見える。邪馬台国の位置が容易に確定されないのは、一つには魏志倭人伝が卑弥呼のことを「倭王」と表現するとともに邪馬台国の「女王」と表現しており、「倭国」と「邪馬台国」が混線していることにもよっている。邪馬台国が北九州にあった場合には、それは倭国と同一視され、取り立てて位置が言及されていない可能性もあろう。あるいは近畿の邪馬台国が女王の存在によって倭国と同一視されて近畿にあることが消去された可能性もあるであろう。

しかし邪馬台国はスラヴィクも言うように山のある国という一般名詞にすぎず、固有名詞とは考えられていなかった可能性がある。おそらくヤマト国は特定の国ではなく、邪馬台国はそのような名称としては存在しなかったと考えられる。本書で邪馬台国と書いているのは魏志倭人伝において邪馬台国とされている国に該当するヤマト国ということである。同じことは卑弥呼についても言われうる。いわゆる卑弥呼という固有名詞は存在せず、存在していたのは複数の巫女としての日女命《ひめのみこと》であろう。本書で卑弥呼と書くのは魏志倭人伝で卑弥呼とされている日女命のことである。

いわゆる邪馬台国はある意味においては北九州に存在していなければならない記述と状況がある。それは魏志倭人伝の記述において邪馬台国の南にあるとされる狗奴国の官の狗古智卑狗が菊池を想起させたり、邪馬台国は伊都国の南にあるという記事（『広志』）があったり、邪馬台国の建国が馬韓勢力によってなされたという可能性があったりするからである。

しかし他方で邪馬台国は近畿になければ不都合な点もある。邪馬台国の官には倭氏や物部氏を想起させるものがあるからである。魏志倭人伝における邪馬台国の第一の官伊支馬《いきま》は倭氏の系譜にある邇支倍、第二の官彌馬升《みまし》は物部氏の三見宿禰、第三の官彌馬獲支《みまかき》は物部の大水口宿禰、第四の官奴佳鞮《ぬかて》は倭氏の飯手宿禰を示唆するものがある。さらに二三九年に遣使された都市牛利は丹波大県主の由碁理《ゆごり》を想起させるが、この人物は海部氏の建諸隅に相当すると見られる。また難升米は中臣氏の梨迹臣である可能性があり、二四三年に遣使された伊声耆は中臣氏の伊世理命を示唆させる。伊東氏藤原姓大系図では天児屋根の第五世孫伊香津臣の子が梨津臣、その弟に伊世理彦となっているのはこの推定をほぼ裏付けるものである（桂川光和）。

　このように邪馬台国の高官の氏名がほぼ特定できることは注目されることである。つまり邪馬台国は女王を出している尾張（海部氏）、倭氏、中臣氏、物部氏などの連合体制であったと考えられ、一部扶余的な要素を含む物部氏を含めすべて海人族である。それに対して天皇氏は邪馬台国の高官には全く見ることができない。天皇氏は小集団が物部氏の居候的になって大和にいた可能性もないわけではないが、中枢はその南にあったという狗奴国として雌伏していたのであろう。ところでこれらの邪馬台国の海人系氏族は当初は九州にいたとしても、近畿において考えた方がより好都合なこともある。また敵対していた天孫族が攻撃して王権を立てたのが大和であったのも邪馬台国の所在を大和にした方が都合の良い点である。

　このように邪馬台国は北九州にも近畿にも所在していた必然性があり、ある時期には北九州の邪馬台国を想定し、ある時期には近畿の邪馬台国を想定することはありうることである。しかし女王である卑弥呼が同時に二ヵ所存在することはありえないから、邪馬台国は北九州から近畿に移動したとしか考えられない。魏志倭人伝は二ヵ所の情報を混同していると言えよう。

　全般的に見て古代の諸氏族のほとんどは文明の進展として北九州から近畿に移動したと考えられるのであるから、邪馬台国が東漸したとしても何ら不思議ではない。すでに狗奴族の分布は豊後の海部郡、日向の臼杵郡から伊予の宇和郡、土佐の幡多郡にわたっており、この狗奴国の東遷が神武東征の伝承になったという説がある（長田夏樹）。しかし邪馬台国の移動は倭国大乱に伴うものであるから、これは遷都というような悠長なものではありえず、多分に戦略的な移動あるいは逃走と考えられる。またその際にいわゆる邪馬台国がそのままで移動したのではなく、移動の前後においては構成要素の変動もあったであろう。倭国大乱における邪馬台国連合に対立するアメ氏ないし高句麗系は英彦山周辺で敗北したが、一部は東部に逃走ないし移動したと言われる（浜田）。おそらくこれがいわゆる神武東征の実態であろう。

　邪馬台国が当初は北九州にあったとする場合、その位置として最も可能性があるのは甘木のあたりであろう。それは甘木の大己貴神社を中心にして東北および西北の山麓に分布する地名が、大和の三輪神社を中心として初瀬谷および山の辺方向の地名に類似していることからも推測される。例えば甘木における朝倉、長谷山、白川、永岡、八並、田町、奈良、桜林などの地名に類似するものは大和にも見出される。こうした地名の類似性は、そこにいた集団の移動を示唆するものである。勿論この地名の移動は甘木地方にいた集団が大和に移動したことを示唆するものの、邪馬台国の移動と同じではない。しかしその集団が邪馬台国を構成するものであった可能性は大きいと言えよう。

邪馬台国の移動の経路については、筑後川下流域おそらくは甘木を経て宇佐に出て、松山から四国を横断して阿波から近畿に移ったことが考えられる。邪馬台国が宇佐地方に移動したことについては宇佐の地理的な状況がある。この地方は海人族の一拠点であり、宇佐は海氏あるいは海部族の集落地であった。それが安国寺遺跡と何らかの関係があるのかは不明であるが、その出自は南海にあったであろう。卑弥呼ももとは南海から来た海人族に由来しており、当然に接触があったであろう。海神社は海部関係氏族が安曇神を祭ったものである。この地の支配者となった宇佐氏はヒメ神を祭っているが、ヒメ神には海人族の巫女としての性格があり、卑弥呼に通じるものもある。ここから中野幡能は原始八幡神はヤマトヨの国霊であり、人格神としては卑弥呼であるという議論をしている（『八幡信仰史の研究』）。そこから宇佐に邪馬台国があったとするのは困難であろうが、卑弥呼の宗女のトヨの名の由来を示唆する可能性はあるであろう。

邪馬台国の卑弥呼が四国の松山に滞在した可能性を浜田秀雄が述べている。もっともそれは邪馬台国連合の地名と松山周辺の地名の類似性だけからの議論であるから仮説にすぎないであろう。香川には百襲姫の伝承があり、これは超能力があるとみなされていた百襲姫が水不足の香川に大和から派遣され水利の便を図ったというもので、水主神社や田村神社にその伝承が残っている。これは巫女卑弥呼がこの地帯を通過し、その後を追って通過した百襲姫の業として伝承された可能性もあろう。山代の水主神社は尾張氏の神社であり、邪馬台国の構成者とヤマト王権の構成者の混同はありえたことであろう。邪馬台国が四国の北岸を移動したことを示唆するのは、香川の鶴尾神社四号墳や徳島の萩原一号墓の積石墓が同じ前方後円墳直前の大和の纏向遺跡のホケノ山古墳に継承されていると見られることである。

倭国大乱は海人族の連合である邪馬台国連合が卑弥呼を共立して天孫族に対して優位する形で一定の均衡状態が生まれることによって終息したと解される。結果としては列島大の統一権力を作ったというよりは、諸小国家の連合による倭国という体制が生まれる。それは圧倒的に優位に立つ勢力が覇権を握るのではなく、地域国家から統一的な列島国家に移行する過渡的な権力均衡体制であったと言えよう。アメ氏あるいは天孫族は卑弥呼の倭国連合体制に参加していないが、倭国大乱に伴って近畿に移動し、大和の南に拠点を置いた可能性があり、それが狗奴国と呼ばれるものであろう。

しかし邪馬台国は列島全体をカバーしていたのではなく、近畿の北には晋に朝貢している東倭という国がなおあり、倭国はいわば西倭と言ってよいものである。この卑弥呼の倭国が半世紀間続いたのは卑弥呼のカリスマにもよろうが、国際的な環境に依存するものであった。攻勢を示していた高句麗が後退したのは帯方郡の公孫氏が台頭したことが大きく、卑弥呼はこの公孫氏の庇護下にあったようである。したがって公孫氏が魏によって滅ぼされたことは卑弥呼にとっても危機を意味しており、公孫氏滅亡の翌年卑弥呼がいち早く魏に朝貢して親魏倭王の印綬を受けたのは必然的な行動であったと言える。

しかし公孫氏の滅亡とともに日本列島の均衡も不安定なものとなり、卑弥呼の体制も動揺するようになる。現に邪馬台国の南に位置するとされる狗奴国との争いが伝えられている。狗奴国は九州においては熊襲などが挙げられることがあるが、扶余の陜父が建てたとも言われる多婆羅国の後身の可能性もあるであろう。もともと狗奴国とは高句麗の領土という意味である。そうしてそれが高句麗と連関のあるアメ氏天孫族の集団と連携していたのであろう。そうして高句麗と対立し、卑弥呼の後ろ盾になっていた公孫氏が崩壊することによって、天孫族は大和盆地に侵攻したと考えられる。内外の記録は邪馬台国のその後については全く言及しておらず、知られているのは邪馬台国がその南の狗奴国と紛争状態にあったということだけである。狗奴国の攻撃によっておそらく邪馬台国は崩壊し、朝鮮半島から進入した崇神によって主導されるヤマト王権が生まれることになる。

三　欠史と先住氏族

記紀はイワレヒコが大和を「平定」したことにしているが、倭国大乱後に卑弥呼の邪馬台国が成立していることから見て、天皇氏の大和征服は失敗したと見られる。記紀は支配権力の威信を重視して、イワレヒコの時から大和に王権が樹立されていたと誇大に表現しているわけである。出雲を「国譲り」で入手していたにもかかわらず九州から大和への東征が必要になっていることと同じく、記紀の記述はミクロでは細かいところもあるが、マクロでは少なからぬ破綻を示している。ともあれ天皇氏の大和征服は崇神によるものであり、ここに二人のハツクニシラス天皇が生まれるわけである。

イワレヒコの頃は大和にはニギハヤヒ神などを信奉する勢力がいたであろうが、崇神が大和に侵攻した時、大和には移動してきた邪馬台国があったはずである。それは尾張（海部）氏、倭氏、物部氏、中臣氏、和邇氏、三輪氏、大伴氏、鴨氏、多氏さらに磯城氏などの集合体であったと考えられる。

磯城氏の磯城については石塁であるとか磐座であるとかトルコ語のテキンと同様王という意味であるというような説があるが、基本的には城を意味する朝鮮語のシキから来ているようである（李）。磯城氏は後には物部の一員と見なされるようになったことからも示されるように、元来は朝鮮半島から渡来した扶余族であったようである。磯城御県坐神社は磯城氏の拠点であったと考えられるが、それはニギハヤヒを祭っていたとされ、三輪山はニギハヤヒの山でもあった。

鴨氏は八咫烏としてイワレヒコを導いたとされるが、これは後の付会であろう。烏をトーテムとした可能性はあるが、最高所にある高天彦神社は高皇産霊神を祭っている。鴨氏の祖先神は高魂命（高皇産霊神）あるいは神皇産霊尊とされ、実質的な祖は鴨建角身命《かもたけつのみのみこと》であり、その娘に玉依姫がいるとされている。玉依姫は少なからず存在するが、イワレヒコの母で海神の娘とされている玉依姫は実は鴨氏の伝承から取り入れられた可能性がある。鴨氏の難波田使首の別伝では建角身命は大阪湾から上陸したと考えられる陶津耳命とされ、その弟が出雲に住んでいるとされており（『諸系譜』第十一冊）、出雲系との連関もあるようである。そうして建角身命の孫の生玉兄日子命が鴨氏の族祖とされ、その弟がイワレヒコから葛城国造に任じられたことになっている剣根命である。この人物は『先代旧事本紀』の「天孫本紀」では「土神」とされている土着的人物であり、葛城氏の遠祖になる。また鴨氏系図にある天押立命は天忍人命あるいは天忍男命ともされ、これは尾張氏系図にもある人物である。鴨氏と尾張氏は同系統の海人族であると見られる。

鴨氏や尾張氏は葛城に拠点を置いていたが、同じ海人系の紀氏は紀ノ川下流域に留まったようである。中国江南地方出自と考えられる和邇氏やイワレヒコの水先案内をしたという珍彦に始まる倭氏、大和国中の多氏も海人族であるから、大和の先住民は海人族が多数を占めていたと言ってよい。卑弥呼も基本的には海人族系である。彼らは蛇をトーテムとし、青銅器の祭祀を行い、三輪山を信奉していた。大物主を信奉していた海人族の集団は後に三輪氏と呼ばれ、そこから鴨氏が派生したという事後説明的な説もある。神武の使者となった大久米命には目の縁に入れ墨があったという神武記の記事があるから、久米氏は南方系恐らくクメール族の可能性がある。これも海人系であるから、物部氏と磯城氏を別にすればほとんどは海人系であったことになる。ここでは漁労従事者だけでなく、インドや中国江南など南海からの渡来人を総称して海人族と呼ぶことにする。

物部集団は『先代旧事本紀』で五部人や五部造を伴って大和に天下りしたとされているが、これは高句麗の五部制を髣髴させるものであり、物部集団の主要部は高句麗あるいは扶余から渡来していることを示唆するであろう。三国志では扶余の麻余が殺されたとしているが、日本に来ている可能性がある。物部の祖とされる宇摩志麻治《うましまち》は麻余とも書かれる北扶余王真手の音韻変化で同一である。彼らはまず九州の遠賀川河口に入植し、その上流に移動するとともに、瀬戸内海を東に進んで各地に住みつき、大和からさらに関東に至る広い地域に分布している。大和ではまずは盆地西北部の矢田丘陵に入植したようであり、矢田坐久志玉比古神社にニギハヤヒを祭っている。物部氏は後に盆地東部に移動し石上神宮で布都御魂を祭るようになるが、これは物部氏の別の流れを示しているとも考えられる。またニギハヤヒの武将とされるナガスネヒコはインドの龍蛇（naga）族の渡来人の流れにあると見られる。

これらの邪馬台国集団およびそれに連携していたと考えられる新羅系を制圧したのが崇神である。しかし伝説的なイワレヒコと崇神の間には直接的なつながりは考えられない。記紀は万世一系を建前にしているためにイワレヒコの系譜を記述しているが、その実体のない系譜が実態を示しているとは考えがたい。記紀は一系の建前のために邪馬台国王を捨象し、欠史八代を造作しなければならないのである。欠史八代が実態を示すものであるとは考えられないのは、まずイワレヒコの大和征服は成立していなかったためである。その系譜に何らかの現実があったとしても、それは大和の支配には有意味な関係にない狗奴国あるいは大和に進んだ天皇氏の小集団の私的系譜にすぎないと見られるからである。

記紀の記述では天皇の母は事代主の娘とか、孫、あるいは尾張氏の娘、あるいは後に物部系となる磯城の県主の娘、物部系の穂積の妹などである。つまりいわゆる欠史八代の天皇の母はほとんどが天孫族からのものではなく、先住民の娘である。しかし当時は母系制であった可能性があり、記紀が記述するように先住民から妃を入れるという形にはならないのである。その場合欠史の皇子は大和の先住民の支配家系に入り婿になり、そこに生まれた子は母の実家で育てられ、それが男子であった場合に天皇氏の娘に入り婿になると、その子は天皇氏で育てられるということになるはずであろう。

日本書紀の一書では安寧以来四代の皇妃がいずれも磯城県主葉江またはその弟の娘になっており、四代の天皇が同一世代であることは欠史の世代数が短いことを予想させる。その前半部は主に磯城県主の娘を皇后としているが、古事記が師木県主の祖を女性としていることは母系制を窺わせるものであって、天皇名は師木県主家に入り婿になった男子を一系につなげた（若井敏明）ものにすぎないのであろう。欠史の後半部は邪馬台国時代であり、邪馬台国の時代に天皇はありえない以上、その系譜は天皇氏の父祖が関係しているとしても歴史の実態に何らの関係もない単に系図上の試みにすぎないものとなるのである。

欠史八代時代の実態を推測させる一つの手がかりになるのは『先代旧事本紀』の系譜およびことに海部氏系図である。物部（海部）氏の系図も天孫族と同様に主要な先行者をつなぎ合わせたものであって厳密な継承関係を示しているとは言い難く、特に海部氏勘注系図は後世のかなり乱雑な加筆があり、全面的には信頼できないものであるが、欠史八代の実態を示唆するものである。

尾張（海部）氏はおそらくはインドに由来する海人族であり、豊受大神を最高神とし、火明命を祖先神としている。火明命を祖先神とする集団は広く分布していたであろうが、海部氏の系図では丹波地方の開拓神というローカルな要素も持っている。勘注系図では火明命が丹波や日向に天下りし、大和でも活動していることになっているが、おそらくは日向から進んで丹波に拠点を置くとともに、大和の葛城の高尾張に定着し、一部は丹波に移動したのであろう。始祖の火明命は大己貴神の娘天道日女命を娶っているように、出雲にもつながっている。丹波は天道日女命が五穀を伝え、真名井を掘ったために田庭と呼ばれたとされている。

一世孫とされている天香語山命は、カゴという語が示すように銅などの鉱山開発者であろう。天香語山命を祭神にしている代表的な神社としては越後の弥彦神社があるが、香具山につながるように当然大和にも進出していたのであろう。天香具山は鉄分を含む陶土の産地でもあり、尾張氏が高温技術を持っていたことを窺わせるものである。天香語山命は母の天道日女命から丹波の国は豊受大神を祭らなければならないと諭されているが、この豊受大神は男神であって、伊勢外宮の食物の神などではなく、もとは豊の国の支配者であったと見た方がよい。

天香語山命は天村雲命を生んだことになっており、彼は日向にいたことがあるとされていることは尾張氏系統が北九州にいたことを示唆するものである。豊受大神を祭る伊勢外宮の禰宜の渡会氏が村雲を祖先神としているのは意外ではない。天香語山命が熊野にいた時に産んだ村雲の弟が高倉下とされているが、高倉下は物部集団の一派であると考えられ、後に物部氏が尾張氏と結びつけられるようになって尾張氏の伝承に取り入れられたのであろう。村雲命が九州にいた時に娶った妻からは天忍人命の系列が起こり、丹波で娶った妻からは倭宿禰が生まれている。海部氏勘注系図には複数の系統があり、天忍人命およびその弟の天忍男命は尾張氏の系統を成すものである。なお高皇産霊神を祖先神とする大伴氏にも天忍日命がいるが、これは天忍人命と同一人物であり、これら諸氏族は類縁関係にあったのであろう。

三世孫の倭宿禰命は大和に移り、イワレヒコに神宝を奉じて奉仕したとされている。倭宿禰は白雲別の娘豊水富またの名井比鹿《いひか》を娶っているが、これは神武紀の井光と同一人物と考えられる。井光は男であるが、倭宿禰の妻の名が紛れ込んだのであろう。ところで倭宿禰についてはイワレヒコの水先案内人になり、後に大和国造に任じられたとされている珍彦との関係が注目される。というのは海部氏系図の秘記では火明命の次は彦火火出見命、建位起命、倭宿禰と続いているが、『先代旧事本紀』では武位起の子は椎根津彦となっており、倭宿禰と珍彦は同一人物である可能性があるからである。後に言及する多氏の始祖も珍彦と同一である可能性がある。

尾張（海部）氏の系図で注目されるのは「日女命」の名が多く書き込まれていることであり、これは海人族のシャーマン的な巫女と考えられる。もし邪馬台国が尾張氏を中心とするものであったとすれば、いわゆる卑弥呼がこの系図に出ていたとしてもおかしくはない。むしろ邪馬台国の中核をなしていたと見られる尾張（海部）氏の系図に時代を代表する人物が出ていないとすればその方が不可解となろう。卑弥呼は固有名詞ではなかったと考えられるが、海部氏系図には卑弥呼に該当するような人物が記載されている。

九世孫の乙彦命の妹の日女命が卑弥呼であり、十一世孫の小登與命の妹の日女命がトヨとする説がある。しかしそれは成り立ちがたいことである。卑弥呼は崇神以前でなければならないが、『旧事紀』における弟彦が乙彦であるとすると垂仁の同時代人であり、卑弥呼であることはありえないことである。また景行紀二十七年条には美濃国に弟彦公という者があり、太田亮は弟彦が葛城から美濃に移住したとしているが、景行では問題外である。卑弥呼はもっと前の世代でなければならない。

そのように見た場合、勘注系図に六世孫として「大倭姫、一云、竹野姫、亦云、大海霊姫命、亦云、日女命云々○宇那比姫命亦名天造日女命」とあるのが注目される。この宇那比姫命は『先代旧事本紀』の尾張氏系図では建田背命の妹であり、この人物を卑弥呼とする説がある（桂川光和）。しかしこの説の難点は和邇氏系図によれば宇那比姫は和邇氏に嫁し子供もいることである（『各家系譜』第四冊）。卑弥呼が結婚し子供がいることはありえないであろう。『先代旧事本紀』では天造日女命は安曇連の祖とされている。

もし海部氏系図に卑弥呼に相当する存在が書き込まれているとしたら、それは「大海霊姫命、亦云、日女命」の方であろう。これは宇那比姫とは別人であり、続き柄は判然としないが、いずれにせよ建田背命と同世代にある。巫女王的な存在は固有名のない単なる「日女命」がふさわしく、この人物が魏志倭人伝で卑弥呼と書かれた人物であろう。ところで勘注系図では六世孫の建田勢命は孝霊天皇の時代に丹波の宰（みこともち）となって奉仕し、海部氏の祖となっている。しかしもし大海霊姫命が卑弥呼であるとしたら、女王卑弥呼の時代に天皇はありえないから、むしろ建田勢命の方が天皇的な位置にあったことになるであろう。

七世孫の建諸隅は丹波大県主由碁理ではないかとされ、由碁理を卑弥呼から魏に派遣された都市牛利とする説がある。畑井弘によると由碁理は湯凝りであって鍛冶王を意味している。勘注系図では建諸隅の時に竹野姫の屯倉が置かれたとされているように海部氏は竹野を本拠としており、由碁理の娘の竹野姫は由碁理が竹野郷の人物であることを示しており、両者の同一性を予想させる。また都市牛利の都はすべるという意味があり、都市牛利は都市管理者という意味であろうが、朝鮮半島との交易をおこなっていたらしい建諸隅と矛盾はしない。右の系譜の解釈では建諸隅は卑弥呼の甥に当たる。

次にトヨについては建諸隅の子である八世孫の日本得魂命の妹の「大倭姫命、亦の名、天豊姫命」が挙げられることがある。日本得魂命またの名は川上真若は丹波の支配者であり、崇神の時代に日子坐王に従って青葉山の土蜘陸耳御笠を征伐したともされている。しかしトヨが大倭姫命であるとすると建諸隅つまり由碁理の娘であり、トヨは竹野姫つまり開化妃ということにもなり、それはありえないことであろう。とするとトヨは大倭姫命とは別に考えなければならないであろうが、現に九世孫乙彦の妹に日女命がある。九世孫には意富那比命もあり、日女命はその兄妹である可能性もあるが、この日女命は系図ではまさしく「日神」またの名は倭迹々日百襲姫命とされている。そもそも日女命は巫女王的な身分であるから、卑弥呼と同様固有名はなく単に日女命と書かれたこの人物は巫女王的なトヨにふさわしいと言える。

日本書紀では倭迹迹日百襲姫命は孝霊天皇の娘とされているが、この姫は孝元天皇の娘倭迹迹姫命であるとする説もある。いずれにせよ卑弥呼は崇神朝以前に亡くなっているから、これは卑弥呼ではありえない。しかしこの百襲姫がトヨである可能性はありうることである。そうしてトヨは崇神の叔母的な存在となり、巫女的な機能をしたようである。

このように海部氏勘注系図にはいわゆる卑弥呼やトヨが日女命として書き込まれている可能性が大きいが、それを推測させるものは「天御蔭命」と注記されている人物があることである。これらは倭宿禰命、建田勢命、乙彦命、建稲種命など、日女命と対応をなす人物である。天御蔭神は近江の御上神社の祭神として天目一箇神とされることがあるように金属技術にも関係しているが、また日神の影とされていることは看過できない。このことは天御蔭命は巫女王の代理として実質的な首長のような存在であったことを示唆するものであろう。さらに賀茂神社の秘伝で御蔭神は日の「名代」とされていることである。賀茂氏の一部は海部氏と同様な経路をたどって北上し、海部氏の籠神社と賀茂神社は御蔭祭でも共通している。こうした日の名代としての天御蔭神は和邇氏のような海人族にも共通していたようである。

このように海部氏や賀茂氏における天御蔭命には日の名代としての性格が窺われ、それは実質的な首長を意味せざるをえず、海部氏系図等に見られる「天御蔭命」は実質的には巫女王日女命の男弟王のようなものであったであろう。さらに賀茂氏の伝承では天御蔭神は賀茂氏の祖先神である高皇産霊神とされているのであり、このことは深秘のことであって国史に載せないものであるとされている（「泉家玄櫛」）。それはこれらの先住民の祖先神である高皇産霊神を天孫族は自分の祖先神とするようになっている事情があるためにほかならない。

巫女王は各海人族の氏族が備えていたであろうが、卑弥呼の時代になると卑弥呼がそれを代表することになり、海部氏勘注系図における天御蔭命は実質的には倭国の首長のような性格を持つものであったと言える。勘注系図では天御蔭命は倭宿禰から始まり、彼は神武に奉仕したとされるが、神武が実質的に存在しないとすると彼が大和の王位にあったものとも解される。次いで建田勢命が天御蔭命とされており、一伝として玉手見命つまり安寧としている。安寧は疑問であるが、建田勢命が実質的な首長であり、さらに日本得魂命が実質的な孝霊、九世孫の乙彦あるいは意冨那比命が孝元に当たる可能性がある。

こうして見ると欠史八代の天皇とされている名前はどこかに雌伏していた天皇氏の私的伝承である可能性も全くありえないわけではないが、それは大和の実質的支配とは無関係のものであり、大和を支配していたのは海人族の天御蔭命であったと考えられる。とすると欠史の天皇名は単なる記号であり、天皇とされる人物に対応するのは実質的には先住諸氏族の首長であり、その後半は邪馬台国の首長であったと言えよう。しかし天孫族の侵入によって尾張、賀茂、海部といった先住民の多くは決定的な対立を避け、それぞれ尾張地方、山城北部、丹波などに移動したのであろう。

補注　ほとんど知られていない西川裕雄『「記紀」に挑戦してみませんか！』は欠史に関して独自の見方を出している。著者は邪馬台国は孝昭統命（すめらみこと）から始まる大物主神を祭る王朝であり、したがって欠史八代の孝昭以下は邪馬台国の支配者である。そうして天皇家の祖先は邪馬台国と対立関係にあった狗奴国側の王である、としている。

西川は邪馬台国と狗奴国との対立関係は綏靖統命の死後、懿徳統命と綏靖統命の娘である倭女王が戦ったことに始まり、これが倭国大乱ではないかとしている。著者は古事記と同時期に撰述されたとされている「粟賀（鹿）大明神元記」にある日向賀牟度美良姫は時期および日向とあることから綏靖統命の娘で初代女王に間違いないとしている。狗奴国系の綏靖統命は大物主系の母を持っているが、その娘が邪馬台国の女王であるというのは理解しにくいことである。しかしともかく著者はこの初代女王が初代の卑弥呼であり、卑弥呼は三ないし四代あるとしている。二代目は初代の娘の賦登麻和訶姫であり、三代目が孝霊の娘の飯日比売で、これがいわゆる卑弥呼に当たる。そうして女王に対してはそれを補佐する大物主があるとし、それは孝昭から始まり、開化にまで至っているとする。そうすると邪馬台国の支配者は三輪氏系となるであろうが、これは尾張（海部）を中心としているという見解とは異なるものであろう。

他方で著者は対立する狗奴国王の狗古智卑狗は多芸志日子ではないかとしている。神武側の統命（すめらみこと）はその流れにあるはずであり、それが崇神まで続いているとする。そうして開化ではなく、少日子建猪心命が崇神の父であろうとしている。

卑弥呼の死後邪馬台国では狗奴国系の天足彦国押人が男王になったが、その後も天照系と大物主系は激しく争い、二五一年に神武側は敗北して狗奴国に退き、邪馬台国では壱与（トヨ）女王が就任する。西川によれば開化はこの女王を廃止し、二八四年に崇神は熊野から吉野に侵攻して磯城で開化を死亡させ、大彦命は帰順した。ここに崇神朝が生まれるのであるが、西川によるとイワレヒコの東征は熊野までのことであり、以後の侵攻は崇神のことになる。

こうした西川の所説は太歳年を基準にした年代的には詳細なものであるが、その半面邪馬台国と狗奴国の関係が交錯し、女王と大物主の位置や概念がやや漠然としているという問題はあるであろう。しかし邪馬台国と狗奴国の連関にメスを当て、そうすることによって欠史の時代の後半部は邪馬台国の首長を示唆するものであり、いわゆる欠史の王統は実はせいぜい狗奴国の王統に当たるものにすぎないものであることを明らかにすることによって欠史の実態の解明に資するものと言えよう。

II　ヤマト王権

一　崇神の正体

イワレヒコ集団はおそらく東征に失敗して大和の南に留まり、いわゆる即位は意味を持っていない。天孫族の小集団は大和に侵入した可能性もなくはないが、それは狗奴国として支配権に関わりのない微々たるものにとどまっていたはずである。

崇神が侵攻する前の大和盆地は唐古・鍵遺跡に代表されるように主に海人族の先住民がいたようである。唐古・鍵遺跡は縄文時代から続いているが、インド系土器の痕跡があるだけでなく、そこから出土した馬の背中に立てられた旗の道具は朝鮮半島を示唆している。彼らは銅鐸などの青銅器を使った祭祀をするとともに、土器を使った水の祭祀をしていたようである。褐鉄鉱の容器も発見されているが、製鉄はなされていないようである。この遺跡の環濠はまずは洪水を防ぐためであったであろうが、後には外敵に対する機能もしていたようである。唐古・鍵遺跡では吉備の土器だけでなく弥生中期中頃の須玖式土器が発見されている。このことは唐古・鍵遺跡の住民が北九州と交流していたことを示すだけでなく、彼らが北九州を経由していたことをも示唆するものであろう。

二世紀末に三輪山麓に突然纏向遺跡が出現する。時期的には倭国大乱が終結していわゆる卑弥呼の邪馬台国が出現する頃である。纏向遺跡は列島中部から広く土器を集めており、生活の拠点というよりは祭祀と交易のために人工的に作られたと見られる。しかし纏向遺跡はあくまでも王侯の所在地や交易の中心としてのものであり、市民権を持つ市民が構成するという政治的な性格は持っていない（マックス・ウェーバー『都市の類型学』）。

狗奴国の天孫族は大和の南に拠点を置いて大和盆地をうかがっていたが、崇神とともに侵攻したようである。崇神と先行の天孫族との関係は不明であるが、おそらくは朝鮮半島から新たに渡来したのであろう。魏志倭人伝で卑弥呼死後に男王を立てたが争いが生じ千人に及ぶ死者が出てトヨを王に立てたとされている。この男王が崇神である場合には、彼は短期間で退いたのであろう。あるいは別の邪馬台国の王である場合は、崇神はトヨの女王時代に侵攻したのであろう。いずれにしても実質的にここにいわゆるヤマト王権が生まれることになる。

纏向に侵入した崇神勢力は纏向遺跡をほとんど利用しなかったようであり、纏向遺跡は四世紀初めには突然消滅している。纏向が急速に放棄されたことは、その近くの海柘榴市に港が作られ流通の拠点が移ったことに関わっているであろう。しかし刮目されることは、この新たな勢力は纏向での先住勢力の水と火の祭祀を継承せず、この遺跡の上に新しい古墳形態である前方後円墳を作り、剣と鏡の祭祀をするようになっていることである。伝崇神陵、伝景行陵などのヤマト王権に関係している前期古墳はいずれも先住勢力が信奉していた三輪山を取り囲むように設置されている。

崇神が宮殿を置いたという瑞籬宮はかつて磯城御県坐神社があった所であり、初瀬川の谷が開けた所にあって、西の磐余方面、北の山の辺の道が一望のうちにある格好の拠点である。この地帯はそれまで扶余系の磯城氏が蟠踞し、また大物主を信奉する先住勢力がいた所である。後者を屈服させた扶余系の勢力に続いてイニエと呼ばれるやはり扶余系の崇神集団がやってきたと見られる。

この地域を朝鮮語の面から検討しているのは畑井弘である。彼は神武が天圧神《あめおす》として出現したという伝承に見られる「圧」（押・忍）の語に注目し、大和盆地の東南部に発展した王国を「忍（オシ）王国」としている。この扶余系集団は辰あるいは五十あるいは忍と呼ばれるイデオロギーと鳥神信仰を持ち、「飛鳥（トブトリ）」の辰王朝と言えるものであった。すなわち扶余族の渡来人集団が鳥見山を国見山と仰ぐ地に蘇塗《そと》（外山）の霊地を定めて飛ぶ鳥の国を建てたとされる（『天皇と鍛冶王の伝承』）。

畑井の言語的解釈では「圧」等は五十（o-si）の音を借訓表記したものであり、奈良朝以前に五十はsuinに変化していたと見られ、ここから「圧」「五十」は「辰」と同じではないかと推論する。また彼は長田夏樹の説を借りて、アルタイ語の五の原形はtobuであり、五十はtobu-inという朝鮮語から「トビ」と言われたとする。鳥見山つまり「外山」は元来「蘇塗山」の借訓表記であるが、これを「トビ」と呼ぶのはそこが「五十」の国の聖地であり、また登美毗古の地であったからであるとされる。これは扶余族系の辰人が天神を信奉し、外山の聖地を定めて国を建てたことを含意する。このように畑井は大和の東南部の地名と朝鮮との連関性を明らかにし、すでに『物部氏の伝承』でも崇神王家そのものがおそらく高句麗系の「登美」族であろうことは動かぬところであろうとしていた。

音韻変化で様々な読み方をするこの解釈にはやや説得力を欠くものがあるようである。この地域がトブ・トリという語に関係することについて朝鮮の地名の専門家である李の説を引くならば、飛鳥は元来は主城という意味の nara-tori を表記したものである。飛は古代語系 nara の借訓であり、tori は朝鮮語では城である。ところが日本語では主を意味する nara を飛と表記する語辞が死語化することになったために王城 nara-tori を飛鳥と表記する意味が分からなくなったのである。このために同じ地域が王城を意味する asuka と呼ばれていたために、飛鳥がアスカと読まれるようになったと解される。

付言すると五十をオシと読む畑井の説とは異なり、イを五十と書くのは、五十をイと読むウラル・アルタイ語系から来ているという説がある（近江雅和、榎本出雲）。さらにイがつく連関の言葉にはイソがある。渡辺光敏によると、イソは川ブルダ（Bulzda）からの変音であり、ツングースの部族王の領地、国を意味している。そしてフル（Fulu）、ウサ（Usa）、イサ（Isa）と変化している。石上神宮は布留川沿いのイソの神を祭っていることになる。もっとも布留川については北朝鮮の沸流川に由来する可能性もあろう。しかしいずれにせよ崇神は濃厚に扶余的な言語環境のもとに出現しているのである。

さしあたりは崇神のミマキイリヒコイニエという諱が問題になる。その諱のミマキが任那であるという説がある。渡辺は月支を目支の誤りであるとしてマキと読み、したがって古尓王の都に由来するとするが、mima-naから東進し、三輪山付近にあった王都をmima-kiとしたとするるのが妥当などころであろう（李）。イリは現れることであるというような解釈もあるが、自ら異邦人であるとすることは疑わしい。畑井は「イリ」の語源は扶余（パル）であるとしているが、アルタイ語の領地という語から来ている可能性があろう（渡辺）。近江雅和と榎本出雲によると、イリはアラビア語、ペルシャ語、トルコ語に共通して偉大なという意味である。イニエとは斎餐、神の食物を捧げる人ということであろう。総じて崇神の諱は扶余から渡来した巫王を指し示している。

日本列島の初期の天皇が朝鮮半島から渡来しているという議論に先鞭をつけたのは江上波夫の騎馬民族征服論である。この江上の論は主に応神を対象にするものであり、扶余族は必ずしも騎馬民族ではなく、また征服というよりは亡命であったという点で弱点を持つものであったが、天皇の祖先が朝鮮半島からやって来たという点では基本的な正しさを持っている。崇神は伽耶から渡来したという説が多いが、朝鮮半島から渡来する場合、出発点が伽耶になるのは当然であり、しかしそれは必ずしも伽耶人であるわけではないであろう。現に三世紀末の大成洞古墳からは扶余の遺物が出土しており、扶余人は南下していたのである。

天皇は日本列島で自生したものではなく、天皇の歴史は渡来の歴史であるが、天皇の朝鮮半島からの渡来を一般的な用語にしたのは小学校校長をしていた渡辺光敏である。渡辺は渡来人の出自を特定しているが、これはあまり証明されたものではなく、基本的には仮説である。彼は神武を崇神と同一人物とするとともに、崇神を百済の古尓王の弟優寿であるとしている。また古尓王は孝元（大日本根子彦国牽天皇）と同一人物であり、さらに狗奴王卑弥弓呼の兄であるともしている。百済には長男の沸流と次男の温祚の系統があり、古尓王は辰王を出した沸流の分家筋に当たる（『古代天皇渡来史』）。古尓王は百済の実質的な基礎を固めた人物であり、積極的な対外政治をしていたようである。優寿は古尓王の内臣左平であったが、優は辰王家の姓であり、寿は崇に通じるとされる。渡辺は『魏書』正始七年に「韓那奚ら数十国魏に降る」とある那奚を古尓王と理解し、卑弥呼の親魏政策が破綻し、魏も古尓王の行動を制御できなかった侵攻であると見ているが（『天皇とは』）、「韓」が姓であるかどうかは一つの問題である。しかし百済の国家形成期の古尓王自身が日本列島に来た可能性は低いとはいえ日本列島に介入した公算は大きく、崇神の出自についての有力な一説と言えよう。

それはともかく先住民を「賊」と呼んで大和に侵入した崇神に始まるヤマト王権は必ずしも順調にいったわけではないようである。日本書紀の崇神五年条では国内に疫病が多く、死亡した人民は過半数に上ったとされ、六年条では百姓が離散したり反乱するものがあったと伝えている。民は「おほみたから」と呼ばれつつ、何らかの武力抵抗があったようである。もし崇神が卑弥呼の死後男王とされた人物であるとすると、崇神の支配は最初の部分だけのことになり、トヨの時代に侵入したとした場合も不安定さがあったのであろう。

崇神と先住氏族との軋轢の主因は宗教祭祀に関わるものであったようである。崇神紀六年条には、反乱等には「徳」をもって治めることができず、神祇に祈念していることが記されている。これより先にアマテラスと倭大国魂の二神を崇神の宮殿の大殿に並び祭っていたのであるが、崇神はその神の「勢い」を畏れてともに住むことに安らかでなかったという記事がある。これは日本書紀の中でも最も奇妙な記事と言えるものである。倭大国魂神は先住の海人族の地主神であるが、崇神はアマテラスにも違和感を持ち、そこからストレスを受けていたことを示すものであろう。

この事態に対してアマテラスを豊鍬入姫命に付託し笠縫村に祭り、また倭大国魂神を淳名城入姫命に付託したが、この姫は髪が落ち体が痩せて祭ることができなかったとされている。そのとき百襲姫が神憑りして大物主を祭れば平和になろうというお告げがあり、その教えに従ったが効果が出ず、崇神の夢に大物主の子大田田根子が祭るならば諸国は平穏になろうというお告げがあったとされる。そこで大田田根子に大物主を祭らせ、市磯長尾市に倭大国魂神を祭らせ、さらに神戸等を定め、国内は静まったとある。このことは天孫族は先住の中心である海人族とは宗教祭祀に異質なところがあり、自らそれを祭ることはできず、先住氏族に依頼するほかないことを示すものである。また崇神紀九年条は崇神の夢に赤盾・赤矛を墨坂神に祀り、黒盾・黒矛を大坂神に祭れというお告げがあったとし、それに従っている。

どのような古代国家であれ、服従者の何らかの同意のようなものがなければ成り立たないものである。そこに古代においては統合装置としての宗教的あるいは祭祀的な機能が不可欠なものになる。日本列島にやって来た天孫族の場合も当然に、夜夢にアマテラスのお告げがあったとか、占いのようなものによって方向づけられたりすることが多いことが示すように、政治は多分に宗教的儀礼によって動かされている。この時代に祭政は基本的に一致すべきものであり、天孫族支配にはその問題が表面化したと言えよう。

日本書紀には百襲姫が大物主と結婚して自死したという説話があるが、もし百襲姫がトヨであるとした場合、トヨと三輪山との間にも問題があった可能性があろう。しかしいずれにせよ崇神の行動から推論できることは、天孫族も巫女的なものを必要としていたということであり、かくして崇神はヤマト王権の後ろ盾となったトヨの墓を大々的に作ったのであろう。箸墓古墳が三世紀半ばに死亡した卑弥呼の墓である可能性も全くないわけではないが、おそらく西暦二四〇年頃に生まれたトヨの墓である可能性が高いであろう。

しかし弥生祭祀の場に古墳を作ることには住民の反発が予想され、崇神紀に反乱や宗教的混乱の記述があるのは不思議ではない。倭大神に崇神は神祇に関して根源を探らなかったので命が短いと言わせているように、崇神にとって神祇はネックのようなものであったと言える。そこには水と火の祭祀を中心とした先住民の祭祀に対して天孫族の祭祀が十全にできていないことも窺わせる。逆に言えば巨大古墳の出現は天孫族における王権祭祀の脆弱性に由来し、このために古墳上での大王霊の継承という王権祭祀を創出していくことになったのであろう。

ところが崇神紀は十七年から四十八年の間が空白となっている。それまでかなり詳細な記述をしていた崇神紀に三十年以上の空白があることは、はたしてこの王が継続的に日本列島にいたのかどうかという疑いを生じさせる。『魏書』などによると西暦二八五年、北扶余は鮮卑に攻撃され、依慮王は自殺していたのであるが、死亡は確かでない。これは崇神の大和侵入とほぼ同時期である。その子依羅王は亡命したがまた復帰したとか、倭の王となったとかという伝承があることも全く無根のことは言えない。『桓檀古記』にも扶余の依羅王が衆数千を率い、海を越え、倭人の地に王となるという記事がある（「大震国本紀」）。イワレヒコ実は崇神が橿原で即位したという説話は、明らかに東扶余が迦葉原に都したという「高句麗本紀」の記述を下敷きにするものであり、崇神が扶余の流れを引くものであることを示している。『魏書』などの記述が正しいとすると、崇神の侵攻が卑弥呼の死のかなり後になるという問題はあるが、崇神が扶余王であった可能性は排除できない。

補注　本書は考古学の門外漢の手によるものであり、学術的な企図を持つものではなく、また時期的にも弥生時代より以降に重点を置くものであるが、寺沢薫の「弥生時代政治史研究」の大著には若干の言及をすることにする。

その完結となった『弥生時代国家形成史論』において寺沢は弥生時代を首長制社会とする説や古墳時代以降を初期的国家とする説を斥けて弥生時代にも何らかの国家を認めようとする。それは国家の定義に関わるものであるが、すでに古代国家と中世国家（封建国家）および近代国家（主権国家）というきわめて内包を異にする政治組織を同じ国家と呼び習わしており、古代においてもギリシアの都市国家からローマの帝国に至る規模や性格の異なるものがあるのであるから、国家概念に種差があることは当然の前提である。そうして国家を一般的に支配権を持った統治組織と考えるならば、日本列島における古代国家が整備される律令国家だけでなければならないということはない。マルクス主義に影響されるとともにイエリネック以来の国家学の終着点であるヘルマン・ヘラーが国家をおそらくは最も広義に「組織された活動統一体」としていたように、それ以前の政治社会に何らかの国家性を認めることはありえないことではない。

具体的には寺沢は弥生時代の大共同体としての部族的国家を日本的な部族的社会が首長制社会を経て生成された最初の国家としている。そうして北九州には大共同体を連合した共同体群としての大連合国家を認め、その王を「王の中の王」と呼んでいる。それは王墓の隔絶した副葬品や他の墓に対する副葬品の規制からも確認される。こうした副葬品は共同体の命運を体現した首長の能力と権威を共同体全体の総意と共同幻想として信託されたことを象徴する権威品である。これに対して近畿では同族的国家は認められるものの大和の弥生社会は重層的構造に留まり、ソフ国、ヤマト国、カツラキ国が鼎立しており、この中でヤマトが魏志倭人伝の邪馬台国であろうとされている。ヤマトにおいては身分制的秩序が未確立であり、北九州の弥生社会の特定個人墓に対比されるべき階級的首長墓の出現は纏向型前方後円墳の誕生を待たなければならないとされている。

ところで寺沢は三世紀初めの邪馬台国の形成を以て「王国」（王権）が形成されたとし、それを「ヤマト王権」と称している。それは二世紀末ないし三世紀初めに登場した纏向遺跡の出現と軌を一にしているとするのであるが、邪馬台国とヤマト王権を連続的ないし同質的なものとすることはヤマト王権をいわゆる崇神以来の天孫族の支配と解する通常の理解とは異なるものである。邪馬台国は弥生末期の三世紀前半の存在であるのに対して、通常ヤマト王権とされるものは三世紀後半以降のいわゆる前方後円墳の登場を画期とする古墳時代である。こうした邪馬台国とヤマト王権を同一化することはシャーマニズム的な統治に留まっていた邪馬台国と王権祭祀を整えようとしたヤマト王権との差異を無視するものであろう。

寺沢は纏向遺跡の出現の時期に多くの集落の消滅を認め、ヤマト王権の出現に当たっては強大な政治変動があったことを予想するのであるが、その始点になったであろう卑弥呼の共立を「談合」としているのであるから、その変動がどこに由来するか明らかでない。ともかく邪馬台国とヤマト王権を連続的に見ることは天孫族のヤマト侵攻には戦闘が伴っていたという文献資料と両立しない。要するに邪馬台国＝ヤマト王権という寺沢の所論は実践主体を捨象する考古学の立場から主体の実践による歴史（政治史）を論じることの困難が現れていると言えよう。

寺沢が邪馬台国＝ヤマト王権という奇怪な説に「自負」を持っていることに関しては、彼の所説がポスト・マルクス主義化しているように見える歴史学にあって殊勝にもマルクス主義の国家論に立っていることと関連があるようである。マルクス主義の国家論といっても寺沢は国家権力は支配階級の権力と被支配階級の権力に対して、階級支配の手段として第三に出現するというエンゲルスの「第三権力」論は斥けている。無論権力というのは相関的な概念であって、第一権力等という言い方自体が素朴なものであり、したがって国家権力が第三権力などとは言えないのは当然である。

俗流のマルクス主義に対して寺沢は政治学者滝村隆一の国家論なるものに依拠しようとしている。滝村によると国家は政治の実存形態であり、政治的現象は権力現象である。しかし国家的権力には二元性があり、政治的権力はまず外部に押し出される組織的意志として外部組織に対して外的意志を貫徹するための外部的権力として成立する。その国家が外的国家と言われるものであり、その根本的原動力は戦争である。これに対して社会内部に向けられた国家意志への服従を強制するものとしての強制組織を持つようになった国家が内部的国家である。そうして外的国家論には国家権力を備えない国家以前にも何らかの国家的な存在を認めるという含意がある。それは端的には部族国家であって、部族的共同体の外的国家形成の一定の進展が、軍事的指揮者に発する王ないし部族的王に、微弱とはいえ共同体内部における祭祀的、政治的、経済的な第一人者的地位を付与する国家形成の一定の進展段階であるとされている。

しかし内的構成のない外的権力はありえないことであり、こうした外的権力の内的権力に対する先行性という見方には問題も残っている。寺沢が階級というのはまず共同体間に生じるものとされ、経済的権力は近代以前にはほとんど見られないとする場合、これは階級というものはもっぱら経済的土台を前提にして生じるものであるとするマルクス主義の基本的な考え方からすると変則的なものになろう。国家の外的性格に注目することは実は、国家は政治的なものを前提にしており、政治的なものは友敵関係にあり、したがって国家における抗争の必然性という観点はマルクス主義というよりはナチスの実存主義的法学者カール・シュミットのものである。

外的国家論が国家はまず物的に成立するという点では、それは考古学の物象主義に関わっている。寺沢自身は考古学を一つの学問であるとはせず、歴史の一つの方法という自覚を持っている。しかし考古学が歴史の実践主体に媒介されない場合にはミシェル・フーコーの断片的考古学のようなものになる。そうした徹底した実証主義はとかく自由推理（恣意）に傾きやすいものであり、それは現にフーコー自身の仕事にも示される。しかしマルクスの弁証法的唯物論は本来は主体的実践的な唯物論であって、実証主義のそれではない。したがって歴史把握にあっても単に物象主義に立つものではなく、そこには観念の作用も認めるものであった。これは国家が観念的なものであるということではなく、国家には観念的な契機が不可欠であるということである。この意志的な要素は神話や宗教という形のものでもありうるが、また構成員の願望や主張でもある。換言すれば国家は何らかの正当性がなければ維持しないのであり、規範的な契機は不可欠なのである。したがって国家に不可欠な実践的、主体的な要因を「共同幻想」という受動的な用語で表すことは国家現象を十全に捉えないということになるであろう。

こうした考古学的制約は本来きわめて周到な寺沢における邪馬台国＝ヤマト王国という所説にも無関係ではないようである。物象だけから見れば実践主体の変動は見えず、考古学の物象主義は実証主義的な枠の固定化として働く可能性がある。寺沢は邪馬台国＝ヤマト王権とし、そこに王国と王権と言えるものが生まれるとして、王国とは部族的国家群の統合的存在であり、王国の権力中枢が担う国家意志現出の手段やあり方を王権と呼んでいる。しかしすでに王と国家があれば王国はあり、王と権力があれば王権はあったはずであり、したがって問題は王国と王権の実態にあることになる。それはここでは卑弥呼の呪術的統治にそうした実態があったかどうか、いわゆるヤマト王権の時代に一元的な国家的統一性があったかということであろう。

二　辰国の残影

ヤマト王国の形成は朝鮮半島の政治史と不可分であり、その延長線上にある。しかし古代朝鮮史自体が檀君神話を始め神話の中に根差しているとも言える。例えば古朝鮮に関して伝説的な見方をしている申采浩がいる（『朝鮮上古史』）。伝説はともかく、アメ氏天孫族は半島から渡来した可能性が高く、その際いわゆる辰国はその出自の鍵となるものである。しかし辰国あるいは辰王という言葉はかなり曖昧なものであり、江上波夫もそこから自由になっていない。また辰国は真蕃の誤りであるとか、非実在であるとかの説があるが、少なからぬ伝承があることも否定できない。

辰国は殷末の粛慎に始まったという見方があるが、粛慎は濊族の浥婁と見られることもあり定かではない。しかし彼らが天孫族的意識を持ち、郊祭という祭天をしていることは無視しえない。また真蕃は名目的なものにすぎないという見方もあるが（西川權『日韓上古史ノ裏面』上巻）、『魏略』において朝鮮国の相官であった歴谿卿が東に走って「辰国」に行き、「真蕃」とは交渉を持たなかったとされているように、両者は区別もされている。しかし真蕃には辰国の藩屏という見方がある一方で、真藩郡周辺の小国という見方もあり一定しない。東族古伝では「大辰」が辰沄殷の隣にあるという言い方があり（第三十章）、辰沄殷とは別に「辰国」があるかのようである。

しかし歴史的に固有の「辰国」とされるものの実在性はほとんど確認することができない。東族古伝においても辰国は概して漢の東部にある偉大な国ということであり、それはほとんど朝鮮ということと同じである。古伝では東族の国をシウク（辰沄繾）としているが、これは国名とは考えられない。そうして辰国が語られる場合ももっぱら歴史的に存在した東方の有力な集団の問題になっている。この実質的勢力の代表例は辰沄殷であり、これは実在性が疑われている箕子朝鮮のことである。

もっとも東族古伝は箕子朝鮮についてある情報を与えている。それによると辰沄殷は淮伯つまりツングース系が子叔釐胥《きしょ》を立てて殷の後継としようとしたもので、周が箕の支配者の地位を与えようとしたが、それを斥けて翳父婁に立てたものである（第二十四章）。しかし漢の時代に衛満に滅ぼされ、王は「辰」に走り、滅んだ国を衛満は朝鮮と名づけたとされている（第三十四章）。しかしこの「辰」が「辰国」と言えるものかは明らかでない。なぜなら辰は摩天嶺山脈を固めとし、鴨緑江を城としたとあるけれども、他方で辰王は主に南朝鮮において語られるのであるから、理解しにくいことである。ともかく「辰は古国であり、上代悠遠である」（第三十七章）という表現が示すように辰と辰国の区別は困難である。

これに対すると箕子朝鮮の成立について不正確な記述をしている中国史書は箕子朝鮮の最後についてはより情報を与えているところがある。『魏略』によれば箕子の子孫である朝鮮侯は王と称したが衛満に敗北したとされている。『魏書』が述べるところでは、朝鮮侯の準が朝鮮王を僭称していたが、衛満の攻撃を受けて韓の地に住み、韓王を名乗っていたものの、その王系は絶えたとされている。そうして漢の時代には楽浪郡の支配下に置かれていたが、楽浪郡の支配力が衰えて公孫康が帯方郡を作ろうとする混乱の中で韓も滅び、韓は馬韓、辰韓、弁韓に分かれたとされている。

これらの記述によると箕子朝鮮の翳父婁は東族古伝の医無閭と同じであり、馬韓で辰王がいたとされる月支は音声上で軼綏（アシ）と同じであるから、東族古伝で神祖の拠点として述べられているのは実は箕子朝鮮のことであったことが明らかになる。そうしてこの辰沄殷と日本列島のアメ氏とは婚姻関係があったとされているから、天皇家の源泉の一つには存在が明確でない箕子朝鮮があったことになるであろう。

ところで『後漢書』では韓には馬韓、辰韓、弁辰があり、すべて「古の辰国」であり、「辰国」が「辰韓」になったとされる。そのうち馬韓は最大の勢力であり、目支国に都する「辰王」を立てて三韓の王となっているとされている。また弁辰は辰韓と雑居し、辰王は弁辰の一部も支配しているとされている。弁韓には斯盧国など十二カ国あり、辰韓と弁韓合わせて二十四国のうち十二国が辰王に属しているとされるが、すべて六の倍数である。ちなみに辰韓には秦の亡人の要素があり、役職には臣智、次に険側などがあるとされる。秦はチベット系羌族の出自と想定されているが、新羅の始祖伝説とチベット伝説にはつながりがある。新羅の赫居世が六人の王に推戴されたという伝説だけでなく南韓には六を聖数とする国家伝説があるが、これはチベットのボンボ王の伝説をはじめチベット特に羌族の六祖伝説に影響を受けたものと見られる。

『魏書』「韓伝」によると韓は帯方郡の南にあって、馬韓、辰韓、弁韓（後には弁辰）の三種族があり、「辰韓」が「古の辰国」であるとされている。弁韓には月支国など五十余国あり、辰王は辰韓ではなく月支国に宮廷を置いているとされている。これらについて見ると「辰国」

というのはもっぱら「古の辰国」であって、その後明確な「辰国」は確認することは困難である。現実の存在としては「辰韓」があるだけであり、ただ馬韓に「辰王」がいたということになるであろう。

これは要するに「辰国」というものは一般名詞のようなものであり、多分に観念的存在であり、具体的な実在するものはほとんど確認されないようなものである。それは邪馬台国が一般名詞であって、具体的に実在する国でなかったと同じである。ちなみに塢須弗の『耶馬駘記』は邪馬台国を想起させるが、これは倭国のことであり、倭国の中の国でないことは邪馬台国が固有名詞でなかったことを裏書きするものであろう。固有名の辰国は存在せず、あるのは辰王だけであり、辰王がいた所が辰国ということにもなろう。

ところで馬韓の辰王がどういうものであるかは判然としないが、『魏書』には馬韓の臣智の位にある者に関して「優呼　臣雲遣支報安邪　踧支濆臣　離児不例　狗邪秦支廉」と書かれている。馬韓の諸国には長帥がおり、大きいものは臣智と言うが、上文は上位の長帥のことを言ったものか、辰王のことを言ったものかも判然としない難解なものであるが、臣雲新国や安邪国、狗邪国などの国名を思わせるものがあり、辰王が支配していた国の官名であるというのが一般的な見方である。これに対して西川權が「シウケシホ・アヤシキヒシリニフル拘邪・秦シラス」という読み方を出している。辰国王が神聖な霊力をもって日を占い、祖神の御魂を招き拘邪および秦を治めるということである（浜名所引）。中国正史がこういう書き方をするとは考えられないが、たまたま東族語が挿入されていたのであるとしたら、これは示唆的な読み方である。つまり辰王はすぐれて祭祀的な職務であったことになる。

こうして辰は民族的国家というよりも特定の日神祭祀者つまり辰王を持つことによって規定されるものであったと考えられる。『魏略』に「明其為流移之人、故為馬韓所制」という語があるが、「流移の人」ということは特定の人民や領土を持たない祭祀者という辰王の性格を示すものであろう。辰国はイデオロギー的存在であったと言ってもよいであろう。もともと東族古伝では辰国の神統は神霊のようなものによって部族が分かれているとされており、独自の宗教的な要素を持っていたようである。

このように辰国には幻影のようなところがあるが、嘘から出た真のように独り歩きし、漢の東部の国家範型になったところがある。その実質は太陽に由来する神祖を祭る辰王の宗教的な機能にあるようである。辰王は殷以来の太陽神信仰を持つ天孫族の祭祀長であったと言えよう。『魏書』において韓の国には朝鮮王の子孫がその祭祀を続けていると記されており、それが辰王のものと同じかどうかは分からないが、朝鮮半島における祭祀の慣習が日本列島に及んだことは十分に考えられるところである。

関連する朝鮮半島の諸民族の習俗を『魏書』について見れば、高句麗の性格は荒々しく気短で好んで侵入略奪を働き、風俗は淫乱だが、清潔を好み、その風俗は食物を倹約して、宮殿や住居を盛んに建てるとされるとともに、居住地の左右には鬼神にお供えをする建物を建て、また「星祭」や社稷の祭礼を行う。十月には天を祭る東盟を行う。また隧神を迎え降ろし、都の東郊の水のほとりに移して祭祀を行う。石を積んで墳丘を作り、松や柏を植えると伝えられている。また馬韓に関しては邑では「天神」を祭り、蘇塗という別邑があって鬼神の祭祀が行われているとされている。こうした半島の宗教習慣が日本列島において支配者が祖先神を神社に祭る習性を持つようになることに影響を与えていることは間違いない。

『魏書』の段階においては馬韓に伯済があり、辰韓に斯盧があるだけで、まだ百済や新羅は言及されていない。しかし百済には辰王との連関性があったようであることは注目される。百済は二兄弟によって建国されていると伝承されているが、それには二つの系統があったとも見られる。「百済本紀」では百済の始祖は高句麗の始祖王の子とされているが、これは権威づけるためのかなり疑わしい説である。沸流百済は海洋性によって特質づけられるが、これはインドから九州を経て北上したとも考えられる。他方の温祚百済は扶余系集団であり、北方ツングース的な要素を持っていたと考えられる。ちなみに沸流のプルも弟の温祚の伯済の伯（パク）も火という意味である。

ところで沸流百済は熊津に定着したようであるが、熊津は辰王が都を置いた月支国であると考えられる。ここから辰王と百済の関係が出てくるだけでなく、月支国は同音の月氏が建設した可能性があり、百済が月氏の要素を持つこともありえないことではない。金聖昊は『魏書』における馬韓の古誕者国を沸流百済と解し、沸流百済はすでに三世紀において自分の王室の子弟を辰王に任命しており、馬韓の辰王は沸流を新しい宗主国とし、辰王の地位は沸流百済が継承したとする。沸流百済は四世紀末に広開土王によって滅ぼされているが、したがってそれまでの「百済本紀」は沸流百済の歴史であり、その後を温祚百済が引き継いだことになろう。

金の説の根拠になっているのは百済最後の王、義慈王が碑文に「辰朝人」とあることによっているが、この王統は遡っても五世紀の毗有王であり、その時点においては辰王の実在性はなくなっているから問題も残っている。彼は百済の王統を温祚系（解氏）、沸流系（真氏）、辰王系（余氏）に分類しているが、余氏は辰王系に限らず百済の王統それ自体がそうであるから、金の議論には問題もないわけではない。ともあれ百済が中国正史に出てくるのは『晋書』における西暦三四五年の記事からであり、契王までは多分に伝説的なものとされるものの、三世紀の古尓王の時代には国家建設が進んだようである。古尓王は沸流百済の外戚の真氏の流れにあるようであるが、そのあたりは不透明である。しかし崇神と沸流百済の関係があるだけでなく天皇制国家の形成に関与が予想される以上、沸流百済の復元なしに天皇制国家の起源も明らかにできないのである。

朝鮮半島の動向を東族古伝の記述と対照すると、東族の二宗が遼西と月支にあるとされているることが沸流の拠点および逃亡先に重なっていることは注目されることである。さらに日本書紀ではスサノオは朝鮮半島のソシモリから渡来し、それは頭注では徐伐（ソホフル）などとされているが、東族古伝によれば率発符婁（ソホフル）は高句麗の朱蒙が拠点を置いた卒本扶余のことであるから、スサノオの移動も沸流の移動と重なる部分があり、それがスサノオ伝承の担い手となったことも考えられる。

こうした朝鮮半島の諸勢力と天孫族を自称する日本列島のアメ氏が加わって東族の辰系系統ができる。アメ氏は楽浪郡の南部都尉七県の一つである昭明県に拠点を置いていたと考えられ、朝鮮半島におけるアメ氏の存在は安眠島という言葉などに残っている。アメ氏は辰王位にも就いていたようであるが、その一部は北九州に移動している。その後辰王位はアメ氏からヒミ氏に移ったようである。浜田によると漢に敗北した南越の一部は賁彌氏の国を作ったが、再敗してその一部は朝鮮半島で南部都尉下の渾彌県となり、三国志の時代には卑弥国となっていた。その卑弥国が邪馬台国を作った公算が大きいのであるから、朝鮮半島の政治動向は日本列島の国家形成要因に直結しているのである。このアメ氏とヒミ氏は出自はともに百越に由来し、宗教的にも近い存在であるが、朝鮮半島以来の両者の相克は日本列島においては邪馬台国と狗奴国の対立を通して日本の古代国家の展開を形作ることになる。

補注　近年辰国について一つの見方を提出しているものに安部裕治『辰国残映』がある。それによると、天孫思想を持つ日神系勢力は紀元前一千年紀つまり殷末・周初に燕山山脈の南を出発点にし、その後遼西、遼東、朝鮮半島さらに日本列島に移動している。彼によると辰国は辰沄繾ということであり、粛慎と同音であり、辰国は粛慎に始まっている。さらに辰沄殷は辰国を引き継ぎ、戦国時代後半のアメシウ氏の辰国を盟主とする大辰の支配地域は朝鮮半島から遼河平原に及んでいると考えている。しかし殷末から漢の時代までそれぞれの「辰国」があるとするのは理解に困難な議論であろう。

ところで朝鮮半島南部ではアメシウ氏が有力になったが、紀元前八二年前後にヒミシウ氏に辰国を譲る。アメシウ氏の対漢和平論とヒミシウ氏の強硬論の対立によるものであると推定される。安部は先行の論者とはやや異なり、東表のクルタシロスは山東半島沿岸部にいた東夷（アシムス）の王としている。そうしてアメシウ氏の一部が紀元前一、二世紀に北九州に侵出することになり、それが早良国等の王墓になっていると解される。これがいわゆる天孫降臨であり、アマテラスがまだ辰国王であった時であるとされる。アメシウ氏の辰族は和（にき）族の海人勢力を引き連れて移ったと考えられる。辰王家であるアメシウ氏の分派（日神系勢力）は大皇を号し、姓をアメ氏とし、漢は東夷であるアメ氏の勢力を倭と表記したと考えられる。ともかく邪馬台国に至る時代の北九州には、後に天皇家とされるアメ氏の国があったと見られる。そうして後漢の影響力の低下を見て取ったヒミシウ氏の分派が狗邪韓国を拠点に北九州に侵出したのが倭国大乱の引き金になっている。

安部の場合、百済は後漢末に建国され、朝鮮の三国時代は四世紀以後のこととされているから天孫族の日本列島への進出に関わりが薄くなる。そうして一部の辰国が後漢の支配秩序に組み込まれたことで辰王の権威は失墜し、辰王が馬韓諸国の首長の任命権を失い、弁韓が弁辰として自立したことで辰国の三韓体制は崩壊したと考えられる。後漢の支配秩序に組み込まれていない馬韓諸国の首長等は辰王支配の継続を主目的として、辰韓諸国の支配権という限定的な権力を付与された辰王を引き続き共立したものと見られる。

こうした安部の辰国についての議論から明らかになるのは、確かに辰王は存在しているけれども固有名としての「辰国」の存在は漠然としていることである。粛慎の辰沄殷も「辰国」それ自体ではなく、あたかも辰王がいる所が「辰国」であるかのようである。したがってまた辰王支配が終焉すれば、「辰国」も消滅したことになるであろう。固有の「辰国」が確認されないために、「辰国」を追うことは蜃気楼を追うようなものになる。この「辰国」の不透明は安部が辰国を国民的実体を持つように想定していることに関係するであろう。安部によると総じて辰族は種族的には親殷勢力の「和族」や「伯族」および両者の混血種と推測され、濊族などの上に君臨したと考えられる。そうして辰国は辰王によって任命された馬韓の「天孫族」出身の首長が治める国邑の連合体であったとされる。しかしこの天孫族は主として支配者集団について言いうることであり、辰族は広範な人民を持つとは考えられないのである。

他面で安部も辰国の担い手を宗教的な関心によるものと見ている。そうしてこの日神系勢力は鏡と銅剣のセットを祭器とする祭儀を執り行う、固有のイデオロギーに根差した祭祀を継承するものとして辰国を規定し、その存在を肯定するものである。この固有のイデオロギーとは日祖の子である日孫の降臨によって国が開かれたとする伝承に基づく、日孫を神祖とする王統を継ぐ王をいただく神孫であるという信条であるとされる。琵琶形銅剣は辰国によって独占的に制作された製品であり、濊族が作った支石墓に副葬されているそれは辰王が配布したものであるとされる。

しかし銅鏡と銅剣のセットということは弥生時代の早良遺跡、宇木汲田遺跡、須玖岡本遺跡、三雲遺跡、立岩遺跡いずれにおいても言いうることであり、あまりにも一般的なものである。とすると火（太陽）を神格化した日神系神道の実質は固有のイデオロギーを持つかどうかということだけになり、辰国の規定としては使用に堪えないと言わなければならない。つまるところ辰という民族があるわけではなく、辰王というのは特定の祭祀権を持つ代表者であり、辰国という歴史的実体は乏しいのである。

安部の労作はアメ氏天孫族が朝鮮半島に出自しているという既存の学界がタブーにしていた問題を正面から提出するという意味が認められ、包括的かつ詳細な再現は評価される。また仮説と三段論法の積み重ねによる精密な外見を持っている。一方天孫族は起源的には南方系の要素を持つものであったことは視野に入っていない。そうして辰国精神文化の神髄とも言える日神系神道は我が国に脈々と受け継がれているとされ、そこに日本国の源流を見ているのであるが、それは日本国というよりは天皇家の一源流と言った方がよいであろう。そうしてアマテラス大神が垂仁時代に伊勢に鎮座され、日本人の総氏神となって今日に至っているというような言い方には浜名にも通じる皇国史観も見える。ともあれ天皇家とアメ氏を同一化すると、天皇家の系統という難題は消滅することになるであろう。

三　ヤマト王国の実在性

三世紀の後半から四世紀の時代には大和には崇神に代表されるような王を自称する存在があったと考えられるが、王統が確立しているとはみなしがたく、一元的な国家が存立していたとは考えられない。かつて言われていた「大和朝廷」というものは問題外である。したがってこの状態をヤマト王国と呼ぶことは困難であり、苦肉の策としてヤマト王権と言われることにもなったのであろう。統一的な王権がなかったことは、この一世紀半には中国正史においてヤマト王権に対する外交的記録が全くないことが示している。

四世紀のヤマト王権の政治体制がどのようなものであったかは謎の世紀と言われるように不明である。おそらく天孫族侵入後にも天孫族系と邪馬台国系の対立構造は存続していたのであろう。大和盆地の諸勢力としては、三輪山麓の王権に対しては葛城山麓の王権が対峙しており、大和盆地の北部には親新羅系の勢力が割拠していたと考えられる。三輪山麓には後の天皇氏、葛城山麓には尾張氏や賀茂氏さらには新しい葛城氏がいたのであろうし、北部には和邇氏などが割拠していたのであろう。葛城の勢力は四世紀前半の秋津遺跡や五世紀前半の南郷遺跡においてなお纏向以来の水の祭祀をしていたようである。巨大古墳を見ても一世紀間に十基近くの王墓クラスのものがあり、複数の王家が併存していたとみなされよう。そうして優越勢力は磯城、佐保、葛城へと主軸を移しており、それは大型古墳の移動に反映している。

これらの諸勢力は常時対立抗争していたのではないようであるが、競争的共存をしていたのか、あるいは三すくみ状態であったのかは不明である。何らかの合議制を採っていたか、あるいは輪番制を採っていたのかも不明である。独裁的なものか、あるいは連合的なものによるのかは明らかでないが、ともかくヤマト王権は支配領域の拡大には関心を持っていたようである。崇神六十年条には出雲大神に収められている神宝を「見欲し」として出雲に物部の武諸隅を遣わして献上させたが、それに反対したと出雲振根を誅殺したとされている。神宝を見たいということは服従を要求することであり、ヤマト王権の制圧の仕方を示すものである。この時点で出雲が制圧されたとはみなしがたく、出雲が最終的にヤマト王権に従属するようになるのは、これより約二世紀経って服従の神賀詞を奉じるようになってからのことであると考えられる。

崇神紀四十八年には崇神の息子の豊城命に東国を支配させ、これが上毛野君、下毛野君の祖であるとされている。『常陸国風土記』に窺われるように、高句麗などが跋扈していた関東に支配の拠点を求めようとした現れであろう。毛野は狗奴の転化であったと考えられ、天孫族と同じ扶余・高句麗系であるから支配者を自分の系統に入れたのであろう。このように独立した動きを自分がさせたとし、先住支配者を自分の家系に組み込むというのは一元的支配を提示しようとする日本書紀の基本的な筆法である。こうした代表的な例は大和の先住支配者の始祖である火明命が記紀においてニニギの兄や子とされていることに現れている。

古事記では開化の子の日子坐王を丹波に遣わせて玖賀耳之御笠を殺させたとされている。しかし日子坐王が開化の子であるのは疑わしい。というのも彼は和邇氏や、春日氏、息長氏の娘などと結婚して沙本毗古王、沙本毗売命、神大根王、山代之大箇木真若王などを生んだとされており、ヤマト王権直系というよりは北方のタニハ、コシ、オウミといった北部諸勢力の象徴的王のような性格を持っているからである。日子坐王は個人名というよりは集団の伝説的な首長と見てよい。そうしてこれらはヤマト王権の潜在的対抗勢力にもなるものであり、記紀はこれらの諸豪族をヤマト王権に従属させようとする関心を示していると見られる。日子坐王を崇神の兄弟にするという系図の作成はその関心を表現するものであろう。日本書紀では大彦命を北陸に、武淳川別を東海に、吉備津彦を西道に、日子坐王の子の丹波道主命を丹波に派遣し、教化に従わない場合は武力制圧を命じたとされている。これらの人物はその地方の支配者である可能性が大きく、ヤマト王権がこれらの地域に関心を持っていたことを示すものであろう。対外的には崇神六十五年には任那に朝貢させたという記事がある。恐らくそういう事実はないであろうが、崇神が朝鮮半島から渡来しているとすれば、その起点としての任那に関心を持つのは当然なことでもある。

記紀で崇神の次に置かれている垂仁が崇神の子であるかは不明とするしかないが、親子でないという証拠もまた存在しない存在である。彼は盆地北部の勢力によって擁立されたようである。大和の北部には和邇氏のような海人族、その北方には伝説的な日子坐王の勢力などがあり、その背後には新羅系の存在が予想される。その動向はヤマト王国を左右する可能性があったであろう。欠史であるから実在性が確かでない開化はすでに丹波の竹野姫を妃とし、北部豪族との政略結婚によって支配を確保しようとしていた。竹野姫は丹波の大県主由碁理の娘とされているが、丹波の支配者としての由碁理は海部氏の建諸隅である可能性がある。垂仁も日子坐王の子であるとされる丹波道主王の五人の女を入内させ、日葉酢媛を皇后にしている。ヤマトの王権がそうした地域から妃を求めているのは北部勢力との連携の必要性があったからであろう。

ところで北部勢力の一つは丹波の海部氏であり、これは邪馬台国の中心勢力でもあった。勘注系図には八世孫あたりに川上真稚命という存在があり、「又名丹波道主王」とある。真若の娘が道主王に娶られていることからいって、真稚と道主王が同一人物であるのは困難であろう。それはともかく勘注系図の一云によれば川上真若つまり真稚は垂仁の皇子五十瓊敷命が一千口の剣を作ったことに関わったとされる。海部氏は鍛冶でもあったのであり、鍛冶として召されたと伝えられる河上は川上真若であった可能性がある。大風呂南一号墳墓は弥生後期随一の剣十数本を副葬されており、丹波は鉄資源の入手と加工の技術を持っていたと考えられる。ヤマト王権が丹波に接近しているのは鉄の生産地であったことにも理由があったであろう。海部氏は垂仁と密接な関係を持ち、丹波に佐保・佐紀の大古墳に準じた古墳を作ったようであるが、十六世孫の大倉岐命が丹波の国造に任命されて地方首長になり、やがて海部氏はヤマト王権に従属していくことになる。

垂仁紀には崇神時代のこととして加羅国の王子（ニキシ）ツヌガアラシトの渡来の記事がある。三品彰英によるとツヌガは伽羅国の最高官位「角干」の「角」を示すツヌカンの訛音であり、アラシトは別名のアリシチカンキと同語であろうということである。額に角があるとされているが、牛頭天王のスタイルである。この説話はツヌガアラシトが帰還した所をミマナと名付けたという地名の由来の説明になっているが、むしろ崇神の渡来の事情を語っているかのようである。さらに垂仁紀には新羅の王子アメノヒボコの渡来の記事がある。アメノヒボコは神話的人物であるが、各地に伝承が残っているということは、別に渡来してきた人たちを同一系譜に結びつけたのであろう（松前健）。注目されるのは日子坐王の系譜にある山代の大筒木真若王の子が丹波の高材比売と結婚して息長宿禰王を生み、アメノヒボコの系列の葛城高額比売が息長宿禰と結婚して息長帯姫が生まれ、両方の系列がつながっていることである。息長氏は近江を中心に勢力を布置していたが、葛城氏とも結びついていたようである。

しかし垂仁時代には狭穂彦の反乱伝承があるように不安定要因を抱えていた。狭穂彦は日子坐王の子とされているが、百済の沙伴王である可能性もある。沙伴王は仇首王の死後即位したものの幼かったので直ちに廃王とされ、外戚系の古尓王が継承したとされている。日本列島に渡来していた可能性がある沙伴王つまり狭穂彦が反乱した可能性も考えられる。『新撰姓氏録』では沙伴王の後として半昆氏などを記しており、沙伴王が渡来していたことは確かであろう。

すでに崇神朝には祭祀上の問題が表面化していたが、垂仁紀にはアマテラスの社の場を求めて宇陀から近江、美濃を経て伊勢に至ったという記事がある。しかし日本書紀で伊勢は「傍国」であるけれどもよい国であるとされているように、ヤマト王権はアマテラスを何らかそぐわないものとして敬遠しようとしている面もあるようである。後世の作である『倭姫命世記』では倭姫はまず丹後に至り、多数の場所を経巡って伊勢に落ち着いたと書かれている。その巡回地を見ると当時のヤマト王国の支配領域の外辺部であり、アマテラスを立てて地域を制圧しようとしていたと見られる。伊勢神宮が実際に創設されるのは一世紀以上後のことであるが、実質的には海人族の王的存在としての豊受大神を呼び寄せたのはヤマト王権の祭祀上の弱点が示されているということでもあろう。

崇神—垂仁の王統は中絶したようである。垂仁は皇子の五十瓊敷命と大足彦尊に願いを聞いたところ、兄は「弓矢」を得たいとし、弟は「皇位」を得たいとしたので、弟を皇太子としたとされている。こうした説話は誰も信用しえないものであり、この皇位継承に疑問がもたれるのは当然のことであろう。大足彦尊つまり後の景行が別の王統に属するものではないかということは兄のイニシキイリヒコや弟のワカキニイリヒコとは異なり、景行がオホタラシヒコオシロワケというタイプの異なった和風諡号がつけられていることからも指摘されることである。寄り付くという意味のイリが付く諡号からタラシが付くものに変化している。

タラシの解釈は一定していないが、アルタイ語のダリアに由来する川筋の土地所有者という意味であるという説がある（渡辺）。畑井によれば「足（タラシ）」は古代朝鮮語では「夫余（パル）」（光明、東方の意）と同音であり、「足（タラシ）」号は「足尼（スクネ）」号と語源を共通するようである。後の百済の時代に身分「達率（タルソル）」層に編成されていった馬韓諸国の王が古くタルキシを号とし、そのタルは扶余系諸族では領域や国の意を持ち、本義は山、転じて国土や王を言うマルと同義語である。つまり「足」の尊称は扶余諸族の首長の尊称タルキシと同根であるとされる（『古代倭王朝論』）。

そうした中で三品彰英は水の巫女としての性能を持った出石に本拠を置くヒボコ系のオホタラシヒメがオキナガタラシヒメになり、息長氏の系譜と結合した可能性を指摘している。そうしてタマシヒが充足している人がタリである。石上神宮の瑞宝の数は十（タリ）を満数とする数的呪言であり、これを数え上げてタマシヒの充実を寿ぐのであり、日霊のミタマフリを通じて成長した人がタラシヒコと呼ばれるとしている（『建国神話の諸問題』）。これはタラシの精神的背景であろう。

しかしタラシという名号は景行に始まるものではなく、欠史であるが孝安の諡号はアマタラシヒコクニオシヒトである。孝安の母は世襲足（ヨソタラシ）媛とされているが、その兄は尾張連の遠祖とされている。つまりタラシ号は葛城と結びついている。

景行の出自はオシロワケの名号からも憶測される。オシロワケとは文字通りでは新羅の王ということであろう。景行は正史の記述では日子坐王、道主王、ヒバスヒメと続く流れにあり、道主王の母の出自は息長氏系である。したがって景行は他方で北方の新羅系勢力によって擁立された可能性がある。景行が新羅系であることを強調しているのは渡辺光敏である。狭穂彦の失墜で沙伴王家は甲斐に移り、景行をバックアップするものとして息長氏が出てくる。息長とは彼によると沖の巫長の意味であり、三上（御神）山がその居所であるが、息長氏は三上祝家、丹波道宇斯家、山代大筒家、新羅王家とも考えられた葛城氏と親戚関係にある。要するに景行は三輪王家に対して葛城系と新羅系が擁立したものであろう。

畑井は記紀のヒバスヒメは万世一系史観が求めた捏造であり、景行は簒奪者であるとする。そうしてオシ（忍、押、五十）クニ（呂）の王権を手中に収め、オシロ（押国）ワケ（王）になったことを正当化するために崇神の孫娘「八坂入媛」と婚姻したことになったとする。他方で景行は播磨稲日大郎姫を皇后としているが、この姫は吉備臣の祖とされており、葛城や西日本とのつながりを持とうとしていたことが推測される。

それでは景行とは誰であるかということであるが、畑井は景行はオシロ「忍城（忍代）」の地を背景とする葛城系の出自で、古事記において父は葛城垂水宿禰の女が開化妃となって生んだ建豊波豆羅和気、母は丹波の首長ではなかったかと推量する。また播磨の姫の擁立を策したのは但馬の清彦と提携し日本海へのルートを確保しようと図ってきた葛城氏が、播磨さらに吉備と盟約を結んで、磯城の「五十（忍）」王家に対抗するためであったと解される。葛城が大和に勢力関心を持っていたであろうことは欠史ではあるが、葛城宿禰が娘を開化妃にしていることにも窺われる。

要するに景行の擁立は三輪山麓の扶余系勢力に対して葛城に拠点を置く旧邪馬台国勢力が新羅・息長勢力と連携してなされたものであろう。そこには瀬戸内海通路とつながっている葛城勢力が北部勢力と手を結ぶという意味もあったであろう。ところで葛城では尾張氏や賀茂氏の主流が移動した後は、孝元の流れを引き、紀国造の娘と結婚した武内宿禰が新しい葛城氏を形作っていく。

しかし景行については、その存在自体がそれほど明らかではない。景行紀はほとんど日本列島の征服行であり、大和における個人的な事績に乏しい。景行の九州遠征は古事記には全く記載されておらず、景行記はほとんどがヤマトタケルの遠征譚である。景行の日本列島制圧行は九州から始まっているが日向に赴いても、ここがかつてのアメ氏の拠点であることは全く言及されていない。このことは神武が日向から出発したという伝説だけでなく景行の九州遠征そのものが疑わしいことを示すものでもある。一見詳細でありながら不正確でもある記述は名しか伝わらない「日本旧記」に出ていた筑紫の王の征伐の記事あるいは西晋系の王族が制圧した記録（浜田）を転載したもの、あるいは役人の作文であろう。いずれにしても景行の遠征とされているものは穴門や九州を支配した人物の記事であろう。ヤマトタケルを含めてこの時期の武将を総括して、それを仮に景行として編集した可能性もなくはない。

こうして景行の実在性には疑問が出てくるのは当然であり、そこでこの人物の実態は何であるかという問いが出てくることになる。例えば崎元正教は景行が遠征したという北九州には武内宿禰とその父の武雄心命の神社が多いことなどから武雄心命ではないかとしている。確かに武内宿禰は四世紀の最も有力な権力者であったと想像され、武内とヤマトタケルが同じ年に生まれ、武内と成務が同じ日に生まれたとされていることなどは、いずれも武内を中心として時代が考えられていることを示している。武内の異常な長命は何世代かを総称したものであろうが、景行に該当するものとしては武雄心命が考えられなくもないであろう。

これに対して西川裕雄は景行を豊城入彦の子の五十瓊敷入彦としている。豊城入彦が崇神の子であるというようなことは問題外であり、崇神、垂仁の流れは途絶えている。足仲彦命は架空の人物であり、仲哀天皇は若沼毛二俣王のことであるとされる。西川によると日本書紀の編集規定は万世一系が成立しない場合は架空の人物を設定し、そこに何人かの実在の人物を組み入れることであり、景行の場合はその典型である。時にはこうした日本書紀の編集の仕方について、暗号によって真実が見えるようにしたものであるというような逆立ちした見方もあるが、無論造作するとしてまったく無根拠でなしうるものではなく、何らかの手がかりは必要であり、したがってこの事態は言うまでもなく事実を隠蔽しようとして隠蔽しきれずに時には襤褸を出しているということであろう。

ヤマトタケルについては特定の一人物というよりは大和の武将の総称であり、その武将の代表例が武内宿禰であったと言えよう。ヤマトタケルが尾張を拠点にしているように見えるということは、尾張氏もその構成要素であったことを窺わせる。ヤマトタケルの遠征に関してはかつて英雄時代という評価があった。しかしヤマトタケルの遠征というものは女装して殺害したり、出雲タケルをだまし討ちしたりというようにあまり英雄的なものではない。総じていえばヤマトタケルの遠征は王権に従って犠牲となった武将を称えるものであって、英雄讃歌というよりは王権への服従を美化するメロドラマと言える。

このようにヤマト王権時代は王権単独にせよ、あるいは地方支配者が任意的にせよ、列島の征服行為がなされていたようであるが、出雲や吉備はいまだ大和の王権に服属していない。九州に関しては九州王朝はともかくとして、古墳の分布をみても四国東部や関東はその影響力が及んでいるものの讃岐西部以西はなお九州の様式が優勢であり、畿内権力が浸透しているとは言えない。

しかし国家形成というものは単に支配者の権力獲得闘争の問題ではない。権力の争奪、その勝敗というものはただ表層の現象にとどまるものである。そこで実質的に重要なことはその権力がどのように機能し、どのような組織を持っているかということであり、またそれがなければ権力でもないわけである。それは古代においては直接的にはどのように支配と収奪がなされているかということである。

この点で一つ注目されるのは、景行がその皇子を諸国に派遣したとされていることである。景行には八十人の子がおり、そのうち皇太子などを除く七十余名が地方支配に封じられたとされている。その多くが「別」として諸国の豪族の祖となったとされていることは、この派遣とされていることが実は諸豪族の権威づけのために仮構されたものである可能性もある。しかしまた神櫛王のように讃岐の国造の祖とされて、豪族の祖とされていない場合は、誰の皇子かは不明であるが地方首長として派遣された可能性もあるであろう。

列島の制圧ということは、列島の地方支配のあり方を形成するということでもある。説話的なヤマトタケルの子であるから不確かな成務王の時代には多くの国造が任命されたとされている。それがそのまま事実ではないであろうが、地方支配の機関として地方首長を国造にする制度が生まれてきているのである。ヤマト王権による地方豪族の包摂が列島遠征の実態であったと言える。

支配の実質は徴税権の確保であると言ってもよい。ヤマト王国の直轄地としての屯倉はすでに生まれていたが、その支配はまず影響下に収めた地域に王権の収奪拠点を置くことによってなされている。国家の直轄領を権力的に併合するではなく、他者の領土に納入すべき倉を設置することは独特の収奪の仕方であったと言ってよいであろう。屯倉は細胞のように各地に設置されることによって、ヤマト国家が地方を蚕食する手段になっていく。

景行紀には田部の屯倉を建てるという記事があるが、田部は屯倉の耕作のために地方豪族の農民の一部を割り当てたものである。「部（べ）」という奉仕集団は奉仕・貢納集団としてヤマト国家の支配と組織を特徴づけるものである。こうした集団は王や王妃、王族の名を負うものとしても生まれ、これが子代・御子代と呼ばれる。こうした簒奪の仕方は皇室だけではなく、豪族にもおよび、また神戸に見るように神社などの封戸の先駆になるものでもある。そうして部民制度は宮廷に出仕するトモ制や大王に奉持するヒト制とともにヤマト王権の支配の構造を示すものである。その意味で部の制度はヤマト王権の「統治方式」と呼ばれてよい（鎌田元一）。これは国家としての直接的な支配関係ではなく、支配従属関係の集合的組織としての私的関係の集積と言ってよいものである。

こうした部という個別人身的支配は東南アジアに起源があり、言葉としては百済の部司に由来しているようであるが、確かに巧妙な点もあったと言ってよいであろう。もし中央集権的な権力的な支配体制であるとすれば、その統制や管理が負担になるだけでなく、その硬直性から中国の秦のように短命に終わらなければならなかったであろう。国家支配が公的に形成されず、ソフトあるいはウェットな私的関係に基づいて組織されるということは、ヤマト国家に限らず、その後の日本的支配の特性ともなるのであって、このように権力的契機を隠蔽した間接的な支配のあり方はアジア的専制の一形態となるものでもある。

Ⅲ　王統の変遷

一　応神の渡来

四世紀末になると応神大王が出現する。この王の出現は神秘的なヴェールがかかっている。応神は仲哀と神功皇后つまり息長足姫の子とされているが、これはきわめて疑わしい。仲哀は存在自体が疑わしく、応神が神功の子であることも確実とは言えない。その父は九州で行動していた武内宿禰ではないかという説もあれば、住吉大神であるという奇怪な説もある。応神は九州で生まれたことになっているが、武内などに制圧されていたという九州に近畿を征服しようとした豪族の形跡は見当たらない。ともかく彼は父の死船に乗せられて瀬戸内海を東進し、前妻の子とされる二王を打破したとされる。

応神には気比大神と名を交換したという奇妙な伝承もある。仲哀記では、伊奢沙和気大神が名を変えて御食津大神になり、応神がイザサワケという名を与えられたとされている。応神はイザサワケ神の名をもらい、その返礼としてイザサワケ神は浜で魚を得たので食津大神になったということであろう。日本書紀では応神は大神に去来紗別という名を与え、大神から誉田別尊という名をもらったとされているが、これは不可解であり、紀が「未詳」とする所以である。

この説話はオホタラシヒメと応神勢力の越方面への進出の記録の要素がある。それについては豊田亮の見解が注目される。それによると気比の神は一神ではなく、もっとも古いのはイザサワケノ大神であり、それは実はアメノヒボコである。この神をイザサワケとしたのはアメノヒボコが献じるイササ大刀に由来する。神功が応神をわざわざ気比に連れてきたのは、自らの祖先神であるアメノヒボコの霊力を継がせるためであったのであろう（三品所引）。

こうした逸話はその出自をカムフラージュするための目くらましのようなものであったであろう。日本史家は応神の出自を曖昧なままにしているが、おそらく応神はこれまでの王統には無関係な存在であろう。もともと帝紀の最初の段階では天皇譜の最初には応神が置かれていたということは、応神が新たな王統であるというだけでなく、それまでのものは王統として認識されていなかったということであろう。そうして応神の出現の環境は朝鮮半島から渡来したことを暗示している。応神は新しい文物を伴って出現しており、陵の陪冢には多くの新式の鉄製武器や馬具など騎馬民族のものとされるようなものが発見されている。秦氏や東漢氏は応神の付帯集団であった可能性がある。

応神の出現の状況を特質づけているのは神功皇后つまりオキナガタラシヒメである。神功は神憑りをする巫女であり、応神の出現を神秘化している。神功は御上神社の天之御影神の娘息長水依比賣の流れにあるとともに、アメノヒボコの系列にある鎮魂の巫術を持っていたようである。三品彰英によるとオキナガタラシヒメは海女的呪能を持つ近江の系列と水の巫女としての性能を持つ出石系との交点になっており、出石系のオホタラシヒメがオキナガタラシヒメに転化したもののようである。

神功は七十年近く摂政をしていたという不自然な記録があるが、神功紀三十九年条では魏志に曰くとして倭の女王が朝献したという記事を記載している。これは神功の紀年を二巡上げて同じ巫女であった卑弥呼を神功に見立てたものである。中国正史に記載されていることを無視することもできず、さりとて先行の女王を認めると万世一系が成り立たないための苦肉の措置であろう。

神功は仲哀が宝の国新羅を討つべきとした神の教えに従わなかったことを遺憾とし、祟る神を知り、財宝の国を求めるように告げる。神功はその際自ら神主となり、琴を弾かせ、審神者に神託の意味を解かせている。そこではまず、仲哀に教えた神は誰かと聞かせているが、シャーマニズムにおいては一般にどの神の託宣か分からないものである。それに対して神功は、その神は五十鈴宮の神、名は天疎向津媛命と答えている。アマテラスの荒魂であろうが、アマテラスと言われていないことは注目されることである。その他には芒の穂に出た吾や、尾田の淡郡にいる神や事代主、その後で住吉三神が挙げられ、その他は「有ることとも無きこととも知らず」と答えて終わっている。

この茫漠とした神託の後、神功は熊襲を討ち、次いで妊娠中にもかかわらず新羅征伐に向かったとされている。そこでは潮が国中に及び、新羅王は戦わずして降伏している。こうした説話は全く童話じみたものであって信ずるに足らぬものである。新羅本紀は西暦四〇〇年前後に倭人の侵攻があったことを記しており、ヤマト王国と新羅との間に対立があったことは確かである。神功の新羅征伐譚は新羅が金の国であるという理由で行われているが、金とはこの場合鉄のことであり鉄の争奪戦があったのであろう。ところでオキナガタラシヒメはおそらく新羅系移民の娘であったから、新羅征伐に出かけるというのは不可解なことであり、もし出かけるとすれば里帰りのようなものであるはずである。

応神の出自を示唆する一つは三六八年に作られ、おそらく応神の時期に伝えられた石上神宮の七支刀である。裏の銘文には、百済の王が倭王の趣旨によって供するとし、後世に伝示せよ、と書かれている。この七支刀には後世の偽作であるという説もあり決定的なことは言い難いが、三七二年と考えられる神功五十二年に百済から与えられたという七枝刀である可能性はありうるであろう。この百済王は近肖古王であり、おそらく高句麗を共通の敵とする百済王が倭王にエールを送ったものであろう。倭王は摂政下にあったかどうかは別として応神であろう。「倭王」は「侯王」とも読めないわけではなく、銘文全体の語調に倭王を属王とし百済が倭国に指示するような調子があるのは、この頃の百済は高句麗を撃退し、百済の最初の興隆期を迎えていたためであろう。去来紗別の去来とは渡来者を意味し、銘文の倭王「旨」を名前と読む場合は紗は旨に転じることになろう（渡辺）。

応神が朝鮮半島から渡来したとする場合、第一に考えられるのは百済である。渡辺は沸流系の古尓王の曾孫の契（セツ）王であるとする。彼は父の汾西王が殺された時には幼くて王位に就くことができず、比流王が人民に推されて王位を継いだとされている。契王は比流王の死去後の三四四年に王位に就いているが、祖父は帯方太守の娘を夫人にしつつも殺害され、比流王の時代には伯叔父の優福が反乱を起こして討伐されており、その流れは民心を失っていたようである。『三国史記』では契王は三四六年に薨去し、その後を百済王系の近肖古王が継いだとされているが、この薨去の記事は疑わしい。契王は日本列島に新天地を求め、崇神以来の辰王の流れを継ごうとした可能性がある。応神には江上波夫の騎馬民族征服論があるが、この渡来は征服というよりは亡命である。

応神の出自については別の説もある。それは沸流百済の末王が渡来したとするものである。金聖昊は三九六年に広開土王が百済を討伐した際に沸流百済の兄王が倭国に逃亡したとする。金の所説は広開土王碑の読み方を前提にしている。この碑では三九六年に広開土王は「利残国」を討ち、さらに抵抗したために国城を攻撃し、「百残王」は服従して「残主弟」などを拘引したとされている。金は「利残国」を熊津に拠った沸流百済とし、「百残国」を漢城に拠った温祚百済と解する。そうして地理的に見て広開土王は熊津にあった沸流百済を滅ぼした後、さらに漢城の「百残国」つまり温祚百済を攻撃したとし、拘引した「残主弟」を沸流百済の弟王であると解するものである。そうして沸流百済の兄王などは行方をくらまし、九州を経て倭国王応神となったとする。このことは応神七年に高麗人・百済人などが来朝し、八年にも百済人が来朝したという記事に反映されていると見られる。

この説は多くの仮定を前提にしている。「百済本紀」で三九五年に阿莘王は高句麗軍に大敗し、その後漢水で報復しようとしたが失敗したとあるのがその時の事態であろう。まず金は沸流が滅亡したのではなく、その後も熊津に継続していたと仮定している。しかし沸流百済とされる「利残国」の「利」は「伐」あるいは「滅」という読み方もあり、「利残国」と「百残国」を区別することには困難もある。「百残王」も「残主弟」も温祚百済のことであるとするのが常識的でもあろう。さらに沸流百済の倭国への侵入の直接的証拠にも乏しい。金は地名の考察から沸流百済の日本列島への流入は二段あったとする。第一は多勿制のもとでのものであり、多勿とは朱蒙が卒本扶余で沸流川上流に建国した沸流国を多勿都としたことに因むものである。沸流百済はこの多勿の名称をその移動先に残しており、その系統の地名は対馬から淡路さらに大物主に至っており、大物主が奉じたのが崇神であるとされる。その後沸流は郡県に子弟宗親を充てる檐魯（タムロ）制に変化させたが、それはやや不整合に崇神や淡路（タムロ）に現れているとされる。兄王が渡来したとされる時期がやや遅いために可能性は低いであろうが、おそらく応神に贈られた七支刀が沸流系の可能性がある崇神以来の武器庫であり、布留の川に面する石上神宮に保管されていることは、応神が沸流の末王であった可能性がまったくありえないわけではないことを示すものであろう。

ともあれ渡辺説、金説いずれにせよ応神が百済からの亡命者であるとすることには変わりない。そうして高句麗が再び攻勢に出るようになると、百済と倭国にとって高句麗は共通の敵になることになる。この両国関係は当初は百済が倭国を配下に置くような態度をとっていたが、やがて力を持つようになってきた倭国に百済が依存するようにもなる。応神の時代に百済の王子直支が倭国に人質としてきており、そうして直支王は阿莘王の死去後帰国して王位に就いている。

このように当初は亡命国家であった応神朝は次第に王権を強化したようである。それには軍事力とともに技術力が関与しており、王権はかなり大きな規模の鉄工場を備えていたようである。こうしたヤマト王国の強化を示唆するのは、応神紀に吉備への干渉と分割が記載されていることである。そうしてかつては独立的な強国であった吉備も五世紀末にはヤマトの王権に従属するようになったようである。こうした王権の強化とそれに伴う専制化を端的に示すのはまず第一に対外的な誇示を意図していると見られる河内における巨大古墳である。

応神（ホムタワケ）は実在せず、サボヒメの子ホムツワケが王であったという説もないではないが、やがて応神が天皇家アメ氏の王朝の実質的な始祖王と見なされるようになる。多頭的なヤマト王国は一頭的な「倭国」になる。こうして応神はその出自の曖昧さにもかかわらず、八本の旗を立てて登場したとされる八幡神と同一化され、八幡信仰を生むとともに、それによって権威づけられることにもなる。

五世紀の日本列島には中国に朝貢し冊封を受けたいわゆる倭の五王があったとされるが、記紀には全く記載されていない。他国に朝貢するような不名誉なことは触れないことにしていたのかもしれないが、中国から冊封されることは一面では威信を得ることでもあり、また記紀にはさまざまなスキャンダルも書かれているのであるから、ここには幾分の不審な点がある。このために五王は九州王朝の王ではないかという説も出ることになる。しかし中国が「倭国」として冊封しているものを九州の国と見ることは困難であろう。九州には筑紫君や水沼君や火君などがいたことは確かであるが、王朝としての実態があるかどうかは疑われる。

五世紀の倭国は対外関係を一つの要因として動いていたようであり、倭国の朝鮮半島政策は高句麗との敵対に特徴づけられている。高句麗の中枢部にまで侵攻したこともあったようであるが、広開土王碑が示すように結局は大敗したようである。ともかく列島を掌握しようとしつつ朝鮮半島に進出しようとすることは倭王権の特徴である。

倭国が中国と本格的な外交をするようになったのは高句麗との戦争に敗北してからのことである。四二一年に倭王讃は宋から「安東将軍　倭国王」の除正を受けている。四三八年に珍は「使持節、都督倭・百済・新羅・任那・秦韓・慕韓六国諸軍事、安東大将軍、倭王」を自称したが、「安東将軍、倭国王」だけを認められている。百済にはすでに「使持節、都督諸軍事」が除正されているので珍の希望が認められるはずはなかったのである。次の済は四五一年に「使持節、都督倭・新羅・任那・加羅・秦韓・慕韓六国諸軍事」とともに「安東将軍」を与えられた。四六二年に興は「安東将軍、倭国王」であったが、四七八年に武は安東大将軍の官爵を授与されている。すでに四二〇年に高句麗は征東大将軍に、百済は鎮東大将軍に任じられていたから、倭国王の大将軍への昇任はかなり遅れている。後進の倭国への中国の評価は高句麗や百済より低かったようである。

倭国王は任那の軍事支配権を認められているが、ここはかつては加羅とか伽耶と呼ばれていた所である。この地域は小国家（邑落国家）の集合体というあり方を続け一つの国家を形成しえないでいた。倭国はこの地域に早くから関心と影響力を持っていたが、そこを領有していたわけではない。そうして任那は六世紀には新羅に併合されることになる。その後も倭国は任那の回復に執心するのであるが、伽耶が有数の鉄の産地であったことを一つの導因としているのであろう。

おそらく倭王武と想定される雄略は倭王権の中でも画期をなす存在であったようである。雄略の晩年になると倭国と百済の関係は倭国の方が後見的な位置になる。四七五年には高句麗が攻撃して一時的に百済を滅亡させるが、書紀はこの時雄略は文周王に熊津（久麻那利）を与えて都とさせたと書いている。しかし倭国が熊津を領有したことはなく、これは倭国が軍事支配権だけを有していた任那の一部であったのであるから、「日本旧記」にあるとされるそのような説は、書紀自身が注記するように誤りであろう。書紀には他にも、ありえない高句麗の朝貢などが書かれているが、書紀の記者は誇大なナショナリズムを持つ傾向があったようである。

ところで雄略のもとには蓋鹵《がいろ》王の弟の昆支《こんき》が人質となっており、昆支はおそらく雄略の母である忍坂大中姫の屋敷に預けられていたのであろう。文周王と次の文斤王（三斤王）が殺害された後、雄略は昆支の第二子の末多王（牟大）が聡明であるとして帰国させ、四七九年に東城王とした。

国内的には雄略は有力な豪族葛城氏を滅ぼし、稲荷山古墳や江田船山古墳の高官の剣が示すように、九州から関東に至る列島の支配権を持つようになったようである。しかし倭の王権が必ずしも他の勢力に対して圧倒的に優越していたわけではないことは倭王珍が国王だけでなく部下の高官十三人の叙任を要請している例に見ることができる。珍自身は第二品であったが、彼らは第三品の将軍職に任じられている。ということはこの時点では大王は他の諸氏族からそれほど隔絶した存在ではなかったことを示している。また允恭には王権簒奪の疑いがあるように（畑井）、王統は確立されていなかったようである。

二　継体の襲位

武烈には子がなく継嗣が絶えたとされている。日本書紀には男子がなく「継嗣絶ゆべし」とあるが、男子がないことは「継嗣」がないことと同じではないであろう。継体が即位するが、古事記では「品陀王五世ノ孫、袁本杼命、伊波礼之玉穂宮に坐して、天下治しき」とだけ記して、父母の名も書かれていない。ここには特別の事情があったと予想される。日本書紀では継体は彦主人王の子であり、父は継体が若い時に亡くなったとされ、母の振媛は垂仁天皇の七世孫であるとされている。応神の五世孫とするのは五世孫までを王と称しうるという後の律令の規定を意識したものであろう。『上宮記』には継体が応神の五世孫であるという系図もあるが、造作の可能性も否定できず、そうした線一本はいずれにしても応神との血縁関係を証明するものではない。

武烈の後継について日本書紀は、大伴金村が仲哀の五世孫倭彦王が丹波にいるので迎えようとしたが、迎えの兵を見て逃亡したとしている。これはいかにも次の継体がやむをえない選定であるかを言うためのものであろう。翌年大伴金村は三国に男大迹王（ヲホド）という人物がいるとし、群臣は賢者は彼しかないとし、迎えに行くことになったとされている。出自の伝承が確かでないために、継体は王統を揚言する王位簒奪者であり、北陸の豪族から擁立されたという説もある。確かに継体は近江や越前や尾張の豪族と婚姻関係を持っているが、律儀な研究者の追跡にもかかわらず継体自身が北陸の豪族であったという痕跡は確認されていない。

このように継体の出自は不明であり、おそらくは従来の王統とは何の関係もない新しい王統の創始者であると見られる。男大迹王は河内馬飼首を知っていたので、その助言によって推戴を受け入れ、河内の樟葉宮で即位したとされている。しかしこの即位には抵抗があったと予想され、ヲホドは仁賢天皇皇女の手白香皇女をいわば強制的に皇后に迎えさせられている。継体が河内の周辺に転々とし、書紀によれば二十年も大和にいることができなかったのは、こうした出自に疑問があり、抵抗勢力があったためであるとしか考えられない。だが二十年もすれば時の効果があり、受け入れられることになったのであろう。

継体が河内で即位したのには積極的な理由があるという見方もあるが、むしろ河内でしか即位できなかったのであろう。そうして王族という点でも地方豪族という点でも確証を得ることができないのは当然とも言えることであって、継体は百済の王族であった可能性があるからである。そうしてこれに関してはいわば物証が存在する。

隅田八幡宮の人物画像鏡（国宝指定書では「画象鏡」）がある。これは列島国産の仿製であり、製造が稚拙なために銘文の一部には左右逆転も見られ失敗作の可能性もあるが、彫りが深く彫刻的存在感は大きい。この画像鏡の銘文は福山敏男の読みでは次の通りである。

癸未年八月日中、大王年、男弟王、在意紫沙加宮時、斯麻念長寿、遣開中費直、穢人今州利二人等、取白上同二百旱、作此竟

かつて「癸未」には四四三年と五〇三年が考えられ、一時は「斯麻」は斯麻宿禰であり、四四三年とされたりしたが、一外交官が「男弟王」のような王族に鏡を贈るようなことはありえない。そこで贈った「斯麻」は王侯クラスの人物で、日本書紀に島君と書かれていた百済の武寧王が有力な候補として考えられていた。そうして現に公州の武寧王墓の墓誌石には「斯麻

王」と書かれており、「斯麻」が武寧王であること、したがって五〇三年にほぼ決定されたと言ってよい。斯麻は『百済本紀』では東城王の子とされているが、日本書紀では蓋鹵王の弟の昆支が大和に人質として赴任する際に蓋鹵王の婦を賜り、途中の島で生まれたために帰国させたという具体的な記述があるから蓋鹵王の子と見てよいであろう。『百済新撰』は斯麻を昆支の子としているが、これは誤りである。

「日中」と「大王年」は日中大王の時ということであろう。その場合「日中」はヒトと読むのかというような問題が生まれてこよう。山尾幸久は日十（ヲシ）大王とし、顕宗・仁賢に関わりを持つとしているが、不明とするほかない。

「意紫沙加」は忍坂である。つまりこの鏡は百済の斯麻王が忍坂の宮に居る男弟王の長寿を願って、開中費直と穢人の二人をしてこの鏡を作らせたものである。「寿」は泰とも読め、その場合は長く仕えるということである。長泰という熟語があるかは不明であるが、意味は長寿とそれほど違うものではない。

問題は男弟王であるが、「男」は乎あるいは孚とも読みうる。福山は（男）弟王をヲオトと読み、山尾は「男」を「孚」と読み、ともに継体であるとした。彼等は鏡を贈られた人物を次期大王と想定してこのような読み方をしたのであろう。これらの説には男弟をヲホトと読むことに難点もあるが、（男）弟王を継体とすることは結果的には正解であったと言える。この場合はヲホドは忍坂にいたのであるから、書紀が記するように北陸などにいたはずはない。また斯麻が武寧王であるとすると、鏡を贈られた男弟王が北陸に潜んでいたはずはない。したがって山尾は継体は即位する前にすでにヤマトにおり、次期大王然としていたとしているわけである（『日本古代王権形成史論』）。とすると、男弟王は忍坂にいた来るべき大王の継体であったということになるであろう。

問題はその継体が何者かということである。まず武寧王がへりくだって斯麻と名乗って鏡を贈った人物は王位継承権を持つようなレベルの人物でなければならない。（男）弟王を倭国の人物とした場合は大王の弟ということになり、その際は顕宗くらいしかありえないであろう。しかしこの播磨で発見され飛鳥に都を置いたとされる人物の実在性は疑われており、問題にしがたいであろう。次期大王的な人物がいなかったから継体に白羽の矢が立ったのであるから、（男）弟王は日本列島人には求め難いであろう。

弟王を百済の王族と考えるとすれば、まず大和に人質となっていた昆支（余昆）がいる。しかし昆支がすでに帰国し、百済本紀が書いているように四七七年に死んでいるとすると、弟王を昆支とするのは困難である。雄略紀五年条によると蓋鹵王は弟の軍君に天皇に仕えるように命じており、弟軍君はイロドコニキシとされているから、まさしく弟王ということであるが、弟軍君は昆支と同一人物とされているから問題にならない。

ちなみに昆支は日本書紀では蓋鹵王の弟とされているが、百済本紀では蓋鹵王の子とされている。しかしこの点では昆支と蓋鹵王を兄弟とする『百済新撰』と同様に書紀の方が正しいであろう。この辺の記録に混乱があるのは百済は四七五年に一時的に滅亡状態にあったためであろう。蓋鹵王あるいは近蓋婁、諱は慶司、『宋書』では余慶はこの年に高句麗に攻められ殺害されている。次の文周王は倭国のテコ入れで熊津に都を移したが、兵官佐平の解仇の刺客によって殺害されている。短命であった三斤王の後を継いだ東城王も衛士佐平によって殺害され、武寧王が後を継いでいるのである。

なお『宋書』によると四五八年に余昆と余暈が征虜将軍に官爵されており、余昆とは昆支のことであり、余暈はその弟である。しかし継体が五〇六年に五十七歳であったとすると十歳未満で官爵されていることになり、弟王が余暈である可能性もないであろう。

こうして弟王を昆支やその弟に求めるには無理があることになる。とすると忍坂にいたという弟王の候補はおそらく忍坂に人質となっていた昆支の子くらいしかないことになるであろう。ところで昆支には五人の子があり、第二子の末多は百済の東城王になっているから、弟王は末多王の弟という意味と見られる。何番目の弟であるかは特定できないが、継体が昆支の子の一人である公算はきわめて大きい。ところで武寧王は昆支の兄の蓋鹵王の子であるから、弟王ヲホドつまり継体と従兄弟ということになろう。武寧王としては高句麗の圧迫や氏族間の抗争がある中で、東城王の後を継いだ自分の即位の後ろ暗さもあって大和にいた自分の従兄弟で次期倭国王に目されていた人物に依頼するところがあったのであろう。鏡の贈与は近肖古王が応神に七支刀を送った先例に従うものであろう。

こうして見ると、大伴金村は王統が断絶した状況において大和に質になっていた昆支の子を北陸の目立たないヲホドに仕立て上げ、後の継体にしたと見られる。そもそも武寧王から鏡を贈られた弟王が継体であるとすれば、継体なる人物が近江や北陸に隠れていたなどということはありえないことである。これは継体の王位継承が前もって予想されていたことであり、記紀の記述は全くの作り話であることを示すものである。

男弟王が誰であるかについてヒントを与えるのは、この画像鏡が出土した状況である。この鏡は隅田八幡神社に伝世されていたとされており、単純に考えるとこの神社の前身は男弟王の古墳であった可能性があろう。古墳の上に神社が設けられるのはしばしばあることである。しかし鏡は移動の可能性があるだけでなく、この神社の背後にある塚は男弟王の墓と見られるようなものではない。その西方には径十六メートルの隅田八幡宮古墳があり、大和文殊院古墳に似た精巧なものである。しかしこれは古墳終末期のものであり、子孫の古墳の可能性はあっても男弟王自身のものであるとはみなしがたい。ところで江戸時代末期に出た『紀伊国名所図会』では、この鏡は神功皇后が三韓遠征の際に土地の人から献上されたものという寺僧の説を伝えている。しかしこの鏡は仿製鏡であり、製作年代という点でも全く問題にならない。

神社ではこの鏡がどのようにして神社が所蔵するようになったのかは詳らかでないとしているが、この鏡の出土の事情についてはかなり具体的な口碑が存在する。それによると、この鏡は天保五年頃、当時十四歳の東直右衛門が妻の小山から粘土を採取しようとした時に「からと」の中に直刀や土器などとともにあったとされている。「からと」とは明確でないが木棺のようなものであろう。直右衛門は鏡についての認識がなく、それを米搗臼の錘として使っていたところ、主人の土場喜三郎が気付いて氏神の隅田八幡神社に献納したということである。これは天保六年頃のこととされている。鏡の側面に少なからぬ傷があるのは農器具の部品として使われていたためと解される（生地亀三郎『国宝人物画像鏡の出土地「妻之古墳」の研究』）。『紀伊国名所図会』にある粉河寺絵縁起の模写が天保八年のことであるから、隅田八幡神社の画像鏡の模写も同じ頃と考えられる。したがって微妙なところであるが、鏡が献納されてほどなく『紀伊国名所図会』に記されたのであろう。

妻古墳は今日ではほとんど消滅している。生地はかなり大きい前方後円墳であったと見ているが、石室などについての情報がないことはどの程度の古墳であったかについてやや不審を残させている。注目されるのは橋本市妻地区には古墳があったとされる所にある東社のほかに中社および西社の三つの妻の森神社があることである。妻という言葉は椿から来たものであるとする説もあるが、妻の森神社は十坪前後のものであり、何本かの古木はあるものの森をなしているわけではない。妻の社に関して知られているのは万葉集の坂上忌寸人長の和歌であり、文字通りの妻に関わっていることが予想される。

そこで無視できないのは市最大の円墳である陵山古墳に祭られているのは都加使主であり、妻古墳はその妻の古墳であるという説があることである。都加使主は東漢氏の始祖とされる阿知使主の子であり、その妻は応神の娘であるとされている。都加使主は天野神社（丹生都比売神社）に仕える一方で、この付近を支配していた渡来人である。紀ノ川流域には六世紀頃の朝鮮半島からの渡来人の古墳が少なからず存在する。しかし都加使主は継体よりほぼ一世紀前の人物であるから、その妻の古墳から画像鏡が出土することはありえない。むしろこの古墳は男弟王のものである可能性が出てくる。もっとも男弟王が末多王の弟であるとすると最大で三人考えられるが、武寧王が単なる挨拶のために従兄弟に鏡を贈ったとは考えられず、次期大王に予期されていた特定の人物を想定してのことであったことは言うまでもない。したがってここで想定される男弟王が継体である可能性が小さいだけでなく、鏡は移動される可能性があるためにこの古墳が他の男弟王の墓であると速断することもできない。

しかしいずれにせよ妻古墳が百済からの渡来人に深く関わるものであることは疑いない。妻の森神社においては社のことをモリと呼び、三つの神社があることは都加使主から三腹の氏族が生じたという伝説に対応するものであり、また東社には近代に朝鮮式石塔が置かれているこ となどは妻古墳が朝鮮半島からの渡来人に関係するものであることを示している。東漢氏の後裔である坂上人長が妻古墳を詠んだのは不思議ではない。したがってこの古墳が男弟王自身のものでない場合でも、その画像鏡が百済系の渡来人に渡ったものである可能性はありうるであろう。ともあれ画像鏡が妻古墳で発見されたということは、同様の鏡を贈られた継体が朝鮮とりわけ百済と親縁な関係を持つ人物であったことを物語るものであろう。郷土史家の守岡宣行は妻地域には百済から渡来した継体一族の古墳が六ないし七基存在するとしている。

ちなみにモデルにした神人歌舞画像鏡と比べてこの鏡には宗教性がほとんどなく、昆支一家のスナップ写真のようなところがある。いずれにせよこの鏡には天皇家の秘密が刻印されていると見られよう。なお昆支自身を祭る神社は磯長の飛鳥戸神社である。この神社は今では極めて小規模なものとなっているが、かつては名神大社であり、広い社域を持っていたとされているのも、それが昆支を祭る神社だからであったであろう。この神社を営んでいたのは『姓氏録』で昆支の後とされる飛鳥戸氏である。付近にある七世紀の観音塚古墳は渡来人の墓とされているが、隅田八幡宮古墳と似た末期古墳であり、ここも男弟王の一人の子孫の古墳である可能性があろう。

継体と武寧王が従兄弟であったことを示唆するのは、おそらく彼が武寧王の死去に際して高野槇の棺を送っていることである。高野槇は日本にしか産しないものであり、武寧王の従兄弟が紀ノ川流域におり、大王継体が関与があると容易になったことであろう。もし武寧王が倭国王と親族的な関係になかったとするならば、その死に際してわざわざ倭国から取り寄せるようなことはなかったであろうし、またおそらく継体にしても武寧王が赤の他人であったのであれば、こういうきわめて個人的なプレゼントをすることは考えられないであろう。要するに武寧王の棺は継体と密接な肉親関係にあることをほぼ証明するものであろう。この長大な棺は国立広州博物館に展示されている。継体自身の墓は今城塚古墳とされているが、その名称はまさしく新しく渡来した人物の墓であることを意味している。

　このように継体が百済の王族であるとすると、このアクロバット的な即位にはかなりの困難があったはずである。継体が河内で即位することになったことについては、濊人とともに画像鏡を依頼された開中費直が鍵を握っていると見られる。この人物は多くの場合カワチノアタイと呼ばれている。直は一般に国造の姓であるが、この人物が河内の国造であったかどうかは不明である。おそらく凡河内直と呼ばれる河内国造の祖に当たる可能性がある。渡来人と見られるが、河内国造は、巨大古墳の所在地河内における渡来人の管理にも当たっていたようである。継体への使者となったとされる河内馬飼首は開中費直の配下の者であろう。つまり継体は開中費直の関連で辛うじて河内で即位できたと考えられる。

　継体の治世が百済一辺倒であったことは、彼が武寧王の従兄弟であったとするならばきわめて容易に理解できることである。任那の四県をもらいたいという百済の請いに答えて、彼はこの四県を与えている。それに関わった大伴大連と穂積臣は賄賂を受けたという流言があったとされているが。翌年には百済が任那の中心である伴跛が己汶の土地を奪ったので返還を求めたところ、己汶に加え滞沙を贈与している。この結果任那における倭国の支配地は大幅に縮小することになった。もっともこの任那の領土の贈与や割譲の件は、実は百済が倭国の支援を得て任那を蚕食していたというのが事実に近い。大伽耶連盟に属し、倭国が領有していたわけでもない任那のこれらの領土を倭国が百済に割譲したかのように記述するのは日本書紀の筆法である（田中俊明『古代の日本と伽耶』）。

この領土割譲の代償として倭国は五経博士を送られているが、後の倭国の任那への執着からすると、この気前の良さには奇異なところもある。しかし継体が百済の王族であるとすれば理解できないことではない。こうして文化的には後進国であったヤマト王国は文化的に急発展することになる。

十年ほど後に近江毛野臣が六万の兵を率いて新羅に奪われた南加羅などを任那に併合しようとし、筑紫国造の磐井がサボタージュしている。新羅から賄賂をもらったとも言われるが、毛野臣を抑止しようとしたようである。これに対して継体は物部大連麁鹿火を派遣し、激戦となったが、ついに磐井は殺害された。その子筑紫君葛子は糟屋屯倉を献上して死罪を免れようとしている。九州の首長はその古墳からの出土品が示すように、この時期には倭王権からの支配が弱化し、独自に朝鮮半島と交流していたようである。任那出兵への協力要請は経済的な負担でもあったが、倭王権に屈従することを意味したであろう。そこに磐井の反抗もあったわけであるが、結局はヤマト王権に屈服することになったのである。

継体は王統断絶の危機にあって緊急避難的に導入された百済王統であったと見られるが、この流れは以後の日本列島の王統となり、それは基本的には今日まで続いている。このことは朝鮮半島にとっても無関係ではない。百済は七世紀に滅亡したが、百済王統は継体とともに日本列島において継続することになる。継体が日本列島の王統を継ぐとともに、百済の王統を継いでいることはその漢風諡号が直接物語っていよう。これ以後日本列島では王統の問題は片付き、あるとしてもそれは権力争いにすぎず、その意味でここでの主題ではなくなる。

三　古代天皇制の成立

日本書紀は継体の死去に関して、天皇・太子・皇子がともに死亡したという百済本記の記事を記載している。手白香皇后の子欽明が先妻の子を暗殺した可能性を排除できない。継体は王権の危機の際に変身譚さながらに即位したのであるが、大伴金村の主導した定立には臣系豪族の根強い不満があったようである。継体レジームは蘇我氏によって支持された欽明によって潰えることになる。

継体政権の最大の問題は任那割譲の問題であったから、欽明紀の大半は任那問題に費やされている。欽明は崩壊状態になっていた任那を「建てむぞ」と詔勅を出しているが、結局は新羅が併合して任那は消滅する。国内的には欽明は屯倉を多く作っていることが示すように、支配は強化していったようである。屯倉は領土を拡大するというよりは収奪機関としての倉を建てることであって、日本的な支配の特徴を示すものである。地方首長としての国造は中国の郡太守のように中央から派遣された官僚ではないから、王権に対する反抗もありえたであろう。この国造の柔軟あるいは無定形（アモルフ）なあり方も日本的な地方支配の特性を示すものである。しかし国造も時の経過とともに次第に自由を失っていく。国家機関に関しては欽明期には機構による支配が生まれているようである。これは主だった高官との協議機関であるが、大王の前で意見を述べる機関であって、会議自体に決定権があるのではないから、合議制とは別である。

欽明が継体の子であるかどうかについては若干の疑問もあるが、山田皇后は応神系であり、生母とともに応神の系統を意識しており、王位継承に血縁の原理が強調されるようになる。最初の『帝紀』の編集も欽明の時代に始まるようである。しかし王位の血統主義には矛盾も伴っている。それは有徳や有能に関係のない自然の原理に依拠するものであるから、王位が安定する半面で、王にふさわしくない人物が王位に就くことにもなる。このために実質的な支配者はまた別に存立することにもなる。血統による王位は空洞化し、実権を担う者の専権が生まれることにもなる。そうして血統的世襲の原理が表面化する欽明の時代は、現に実質的支配者としての蘇我氏が台頭してくる時代でもある。

王位継承の血統主義は氏姓制度と関連している。古代日本の氏の制度は王権に奉仕・従属の関係にある非血縁者を含む疑似血縁的共同体である。これらには主に先住豪族に与えられた臣、王権の同伴者に与えられた連などに始まり、時代とともに宿禰や君等に分岐している。国造には多く直が与えられている。別は王権を分けたと解されることがあるが、もとはペルシャ語のアケ（王）に由来し、後に王族にも使用されるようになったと解される。大王家も氏であるが、いつの間にか使われなくなっている。それは氏から超越しようとしたためであるが、また大王家は扶余族以来の余氏、優氏、解氏、あるいはアメ氏などを接合しており、姓は不明になったのであろう。天皇氏は先行支配者をつなぎあわせたものであり、宝賀寿男は「天皇氏族」と表現している。

蘇我馬子は経済政策家として改革者的な面も持っていたが、また崇峻を暗殺もしている。彼が王権を左右している典型的な例は崇峻の後継者の選定の問題であろう。当時はまだ王位継承法が整っていなかったが、最も有力であったのは押坂彦人大兄皇子であった。彼は欽明の長子の敏達の長子であり、皇太子的な存在であったが、崇仏派でないという弱点があった。その次の候補は蘇我氏の血を引く当時十九歳の厩戸皇子であったが、彦人大兄を差し置いて厩戸皇子を立てることはあまりにも露骨で、敏達未亡人の推古が苦肉の選択となったのであろう。

厩戸皇子については具体的な資料が乏しい一方で、早いころから聖人君子として神秘化され、信奉されるという現象を生んでいる。このために聖徳太子は実在しないという説も生まれることになる。無論聖徳太子に当たる存在はあったであろうが、それは伝説化された存在とは別であろう。聖徳太子が作ったとされる憲法十七条は憲法とはいえ役人の服務倫理のようなものであって、国家の構成原理を定めるという今日の憲法と同じものではない。「我必ず聖に非ず。彼必ず愚に非ず。共に凡夫ならくのみ」などという言葉には聖徳太子が聖人化されるに足るだけの仏教の理解がかなり進んでいることを窺わせるものであるが、それは必ずしも国政の原理となるものではなかったのである。

推古時代が終わり、蘇我氏の専横に対していわゆる大化の改新が生じる。蘇我氏が大王をないがしろにしたとされるが、それは世襲化されて形骸化もされる大王制度が生んだものである。大化改新の実在性には疑問もあるものの、当事者が当初考えていた以上に古代国家に変容をもたらしたようである。

大化前代のヤマト王国の現実はいわば私地私民であった。その基本的な支配組織は部（べ）と呼ばれるもので、豪族が自分に奉仕する人民を囲い込んでおり、それを部曲（かき）と称していた。このことは大王家においても同様であり、各地に点在する屯倉や王族の名にちなんだ子代と言われる領地を持ち、そこから収奪をし奉仕を受けていた。これらの支配地は国の中に細胞のように食い込んでおり、この点では王権も豪族の一つであった。ここでは一元的な支配は成立しておらず、列島は各種の支配領域が併存する集積地のようなものであった。ヤマト王権の支配がある程度において認められているとしても、国家は王権の家政と異なるものではなく、その点では家産国家に留まるものであった。地方も王権によって一元的に支配されているのではなく、相対的に独立的な国造の支配があり、それは相互依存的な性格のものであった。このように大化前代の列島の支配は基本的に個人的、私的な支配従属関係に依拠するムラ的な構造のものであった。古代ギリシアの都市国家のドライな支配関係とは対照的なウェットなあり方が日本の古代国家の初期から観察されることは興味あることである。しかし有力者が縦割り的に割拠することの問題性は対外的危機において表面化する。

大化改新の趣旨は孝徳紀二年条の改新の詔に現れている。もちろん日本書紀の記事が現実通りであったとは考えられないが、基本的な方向は窺うことができる。そこでは第一に、昔の天皇の立てた子代の民・処々の屯倉と、臣・連・伴造・国造・村首の所有する部曲の民・処々の田荘つまり豪族の経営する土地を廃止するとされている。これは大化前代の基本的なあり方であった豪族の割拠を廃止しようとするものである。それに代えて高官には「食封」を与えるとされている。これが公地公民化と言われるものである。無論それが現実にどこまで行われたかは別の問題であり、特に豪族の収入を給与に代えることの現実化は遅れたようである。

地方ではまず畿内に国司、さらに郡司などを置くことが言われている。これは従来の国造に代えて中央から派遣される官吏となる。しかし国造による地方の割拠は段階的にしか実現されておらず、多くは奈良時代にも持続している。これに対して大化改新をリードした中大兄が白村江への派兵と敗北、唐を警戒した各地の朝鮮式山城の建設、外国からの攻撃を懸念して近江に都を移すことなどに忙殺されて即位するのが七年も遅れたものの、その間に庚午年籍を作っていることは注目される。この戸籍作成は中央集権的な人民支配の前提になるものであり、また課税の基礎になるものでもある。

この公地公民化は上からの制度変更であり、その意味では革命ではなく、むしろ維新である。大化改新が制度変更にとどまっていることは「公」という観念に見ることができる。公地にすることは朝廷に返上することであるとか、あるいは公民は「大王」に属するものであるとされたりするが、これは家産制国家の特質である。著名な歴史家においても「国家すなわち朝廷」といった言い方がなされる（直木孝次郎『壬申の乱』）。ここでは大王さらには国家から独立した「公」という観念が成立しておらず、あるいは政治的に何らかの発言権を持つ民、つまり市民は存在していない。纏向などについて都市ということが言われたりするが、それは王侯の居住地や交易のセンターという意味であって、参政権を持つ市民が構成するという意味での都市ではなく、日本のいわゆる都市には団体（ゲマインデ）としての性格が欠けている。古代ギリシア・ローマにおいては公的（publica）とは人民（populus）から派生した言葉であり、国家（res publica）とは人民の物という意味である。古代日本においてそうした市民が見えないのは、基本的には経済的基盤の問題であり、それは多分にアジア的な共同体に根差すものであろう。公民は「おほみたから」と呼ばれているが、それは課役負担者として国家にとって重要だということを含意している。

限界のあるものではあれ、何らかの国家体制の改革を目指した大化改新はいわゆる壬申の乱で中断している。これは相も変わらない王位継承争いであり、大友皇子は即位していたのであろうが、実質的には大海人皇子に王位を簒奪されている。第二次大戦前の学校では壬申の乱は教えられなかったようであるが、それはこれが文字通りの王位簒奪であったからであろう。乱後最大の兵力を提供した尾張国司守少子部連鉏鉤が自殺しているのは良心の咎めがあったからであろう。

しかしこの王位継承戦争も結果的には天皇制国家の実質的形成をもたらせている。天武は改新政策を進めているが、それは豪族層の権力を奪い、中央集権的な官僚体制を築き、一元的な国家支配を生み出すことであった。それは従来のムラ共同体的つまりアジア的な支配関係を解体させ、人民を国家の直接的な支配のもとに置き換えるものである。国家の支配者として「天皇」の名が生まれ、古代天皇制国家がここに登場する。それとともに「日本」という呼称も生まれる。

「天皇」という用語自体はすでに推古朝にあったようであるが、特殊天皇制国家と言われうるものは天武の所産である。そこでは中央集権化にイデオロギー性が加わり、天皇専制がもたらされる。その際には天武即位の正当性の説明も必要であり、それは歴史的展望に立った記紀の編纂をもたらすことになる。歴史に「もし」という問いは無益であるが、もし壬申の乱がなければ、対外的にも何らかの集中は避けられないとしても、その後の天皇制国家の専制体制は生まれなかった可能性もなかったわけではないであろう。

古代天皇制は専制国家であるか、あるいは貴族制であるかという議論がある。国家学的には民主制を別にすれば一人支配（王政、君主制、独裁）か貴族制かであり、恣意が許される支配という点ではいずれにしても専制国家でありうる。君主独裁制か貴族制かという点では独裁とも言えるが、支配が昇殿が許される五位以上の百名前後の貴族に支えられているという点では貴族制的である。しかしこの貴族制もやがて藤原一門が専権を握るようになると寡頭制的となる。したがって古代天皇制は君主制から寡頭制的貴族制に移行していったと見られよう。

ここに成立した天皇制国家は基本的には先住の海人族をツングース系天孫族が服属させるところに成立している。海人族がどちらかと言えば占い（太占）やプリミティヴな呪術的要素によって支配していたのに対して、ツングース系は特に軍事面や律令に見られるように、支配の技術において一日の長があったことは否めない。こうして生まれた国家体制は、対内的には皇族を上位に置いた位階制を伴う身分制国家になり、貴賤上下の差別を原理として一元的な専制統治体制をとる。対外的には一方で唐には朝貢するとともに、他方では新羅の朝貢を要求するという小帝国主義を見せる。国内的には自分の威力に従わない蝦夷などには執拗に制圧行動をとる。

古代天皇制国家体制は天武未亡人の持統によって一定の完結的表現を見ることになる。それはさしあたり大宝律令に代表される律令の制定となり、ここに天皇制国家は律令国家という体裁を持つことになる。「正当な暴力の独占体」（M・ウェーバー）として定義づけられる「国家」の日本列島の古代における創出である。律令は国家体制の基本原理を定める憲法ではなく、刑法である律をひとまず措くとすると、令の大部分は政府組織、特に官吏の編成の規定である。つまり律令は基本的には行政組織法あるいは公務員法のようなものであり、第一に中央集権的な官僚体制の創出が目指されている。こうした日本の律令は中国の律令を継受したものであるが、そこには相違面もある。中国の律令には儒家と法家の影響があると言われている。したがって専制国家ではあるけれども、皇帝は天子であって、天命には従う存在である。そうして天命は人民の帰趨によって明らかにされるとされている。それは究極的には易姓革命の許容である。しかし日本においては易姓革命が根本において斥けられている。日本の天皇は天子ではなく天の王であるから、ここにはそれを制約するものはない。もっともそこには裏面もあり、日本では法家的徹底性は見られない。律令体制は氏族制度を廃止して中央集権的な官治体制を目指すものではあったが、律令政府はなお姓の授与を行っている。また領民に対して賤民制度を設けたはずであるが、賤民にも口分田を支給しており、必ずしも奴隷的存在ではない。この不徹底性の主な原因は奴婢を多く使用していた地方支配の要である郡司層への配慮であろう。

したがって律令国家は法治国家と同じではない。法治国家は構成員の自由や権利を保障するという基本性格があり、主として近代国家について言われるものである。日本の律令は支配についての規則であって、自由、権利というものとほとんど無縁である。古代ギリシア国家の指導原理は自由（eleutheria）、法（nomos）、自立（autarkeia）であったが、古代日本はこのいずれとも異なり、総じて相互依存と従属の体系であったと言える。古代ローマ国家はローマ法によって特徴づけられるが、法源は根本においては人民にあるとされていた。ローマも帝国時代になると皇帝が神化されたり、皇帝に法定立権が与えられたりしたが、皇帝も法の支配下にあるものであった。

律令制国家の限界をよく示しているのは平安時代初期に日本の法律学の泰斗の一人となった大判事讃岐永直の場合である。彼は法隆寺の財産を横領したという訴えを受理した太政官の高官が伴善男、後の大納言から不法に受理したとして弾劾された件に遭遇している。この件について伴は故意による私罪であり、過失による公罪ではないとしたのであるが、これは明らかに伴が政敵を追い落とそうとしたものである。この件の諮問を受けた永直等は、当初は公罪としていたのであるが、太政官の大勢が私罪に傾いた状況の中で、それ以上の論議を断念している。『三代実録』は永直等が「権勢を畏れ憚りて、正言せず」と評している。永直が正言しなかったことは確かであるが、それは司法権が独立していない律令体制の限界そのものを示すものでもあったのである。こうした法の支配の不全という点では日本列島はギリシア人がアジア的専制と呼んだ地域の影響下にあり、ユーラシア大陸とはいえコンスタンチノープル以西つまりヨーロッパの影響を受けることは少なかったのである。それは根本的には農業国家と通商国家との差異に因るものであろう。

こうして登場するとともに弁証される天皇制国家の基本的な特徴は、支配はあらかじめ与えられているものであるから、ここでは政治権力を統制する規範的な原理が消極的なものになるということである。しかし無原則的支配というものも原理的には貫徹しがたいものであり、ありえない政治原理とも言える。それでもそうした統治原理がある程度可能になったのは、天皇の支配が実質的なものではなかった限りにおいてである。しかし天皇が実質的統治をしないということは、権威は欠くけれども実質的統治をする権力を不可避的に生じさせることになる。自然的血統に依拠する天皇制には実権を担う支配者を必要とするようになる。こうして古代天皇制は空洞化し、やがて形式上の君主でしかなくなる。ここに空虚な権威としての天皇のもとで責任を持たない権力の支配という天皇制的国家システムが生まれることになる。

しかし天皇制の万世一系化は正当性根拠の無限後退であるから、結局は神話に行きつかざるをえず、宗教と不可分のものとなる。すなわち法的規範などによって制約されない天皇の絶対的支配を担保しているのはある種の宗教であった。こうした律令国家の特質をよく示しているのも持統である。この女帝は即位の際に群臣から拍手つまり柏手を打たれた由である。天皇になるということは神になるとされたということであろう。持統は伊勢神宮に行幸した天皇としても知られているが、また吉野に三十回以上行幸しており、それは金属資源に富むとともに水源である吉野で祭祀をするということであろう。古代において祭政一致は一般的なものであるが、この女帝においては天皇統治が祭祀を重要な要素となっており、天皇制とは端的に祭祀なのである。

このようにして支配権が神秘化されることになると、当然その支配権は絶対的であるとともに、何らの責任を負うものでもなくなる。ツングース系、例えば天皇家にも無縁でない扶余族では天候不順で穀物が実らない場合は、王は追放すべきであるとか、殺すべきであるということが伝えられているが（『魏書』）、日本の天皇は神聖化されることによって責任を負う主体ではなくなる。

こうしてきわめて多様な人類学的な要素を合成して生まれた日本列島は独特の絶対的な統治体制をもたらしたと言えよう。ここにある種のユニークな権威が生じたのであるが、この権威はもっぱら神話によって担保されている。天皇制的支配体制の顕著な特質は、権威が宗教的神話によって保障され、人の支配秩序と神々の秩序が相関している所にあるのである。支配は宗教的祭祀によって正当化され、王統と神統は循環構造をなしている。確かにこの絶対的支配体制は一応の国家的独立と統一を確保し、やがて独自の仏教芸術を生み出すというように文化面での顕著な展開も示したのであるが、それは呪術的統治あるいは支配根拠の神秘的不在に特色づけられる独自の政治文化をもたらすものでもあったのである。

第二部

神統論

Ⅰ　渡来の神々

一　神々の系譜

天皇制国家体制の成立によって日本列島には独特の権威が生まれることになったが、その権威の特徴は支配体制と信条体制が相関的であり、前者は後者によって正統化されていることである。一般に国家支配は何らかの正統性の根拠を必要とするが、古代においてはそれは単に継続的な慣性によるのでない場合は通常宗教によって与えられている。それはやや進むと徳性や仁政といった政治哲学や、承認されているとか合法的であるという原則によることになる。権力の行使が即自的な支配であるとすると、支配を支えるこうした精神的な要素は支配の対自的な側面であると言ってもよいであろう。

天皇制国家体制においては天命とか徳性といった支配の規範的原理がほとんど問題にならず、支配の根拠はもっぱらある種の宗教によって与えられている。ある種のというのは、それは信仰というよりも単なる神話や神に対する祭儀につきるものだったからである。その祭儀は多分に呪術的なものであり、天皇制国家は「呪儀的統合」（藤田省三）によって確保される。天皇制国家は呪儀的統合システムそのものであると呼ばれてもよい。ここでは当然に政治とそうした宗教は不可分であり、ある程度において政りごとは祭りごとに収束される祭政一致システムであった。あるいは政治が祭事に還元されるものである限りでは、祭事が政治であった。このために神統の体系は他の面から見た王統の体系になるのである。

ここでは政治の道は神ながらの道であり、この神ながらの道は包括的には神道と言われてよい。その意味では神道は天皇制国家のイデオロギー装置である。古代日本において神のあり方が政治にとって肝心なことになるのは日本列島の支配者は支配の記念としてだけでなく、支配を根拠づけるものとして神社を建設するという習性を持っていたためである。神社に祭られているのは産土神つまり郷土の守護神や土地の支配者の祖先神であり、そこから支配の権威を受けており、支配権は最終的にはその土地の祭祀権の掌握を意味している。したがって神社は支配の記録庫のようなものである。

神々がこういう政治的な意味を持つことは日本において神と言われるものの性格と関わっている。ここで神と言われるものはこの世を越えた絶対者のようなものではなく、霊威あるものということであり、岩や木に霊威を見るアニミズム的土壌にあるものである。本居宣長は日本の神を「可畏（かしこ）きもの」と呼んだが、そういう神々を恐れ、依り頼むことに古代日本人の神信仰があったと言ってよい。その神は人間とかなりの程度において同質である。神は人であり、人は神であるという神人連続観は古神道の基本にある考え方である。この神人連続性が祖先神というものを可能にし、祖先神が支配権の授与者になる。またここから現人神《あらひとがみ》の必然性も生まれる。

王権の神化はエジプトのファラオやメソポタミアの王にも観察されるものであるが、日本の神の特徴はギリシア・ローマを含めて他の世界、特に西洋の神とは異なっている。そこでは多くの場合神は不死という特徴を持っているが、イザナキ、イザナミに代表的に見られるように日本の神は隠れる、つまり死ぬ。この神が不死でないということは祖先神を可能にするものであるが、また神が有限であるということであり、神がこの世を超越していないということである。したがって日本においては神はこの世とあの世を往来し、あの世もこの世の延長あるいはこの世の一部に置かれている。人々は現世内在的であり、現世を超越する関心を示していない。

超越的な絶対神がないということは神々が多神教的なものであり、唯一神教的なものではないということでもある。このことは直ちに評価の問題ではなく、まずは現象の問題である。しかし超越的な絶対神がいないということは規範的原則にこだわらない日本人の特色として現れることになる。この世を超越しうる神がないことは、生への楽観、現実肯定の反面で、現実を否定する主観的あるいはイデオロギー的な主張の消極さと対応する。

ここで関連する限りでの原始文化について言及すれば、日本列島にも当然物神崇拝や自然信仰、アニミズムなどのプリミティヴなものがあったが、縄文時代に関しては土器に彼らの世界思想像のようなものを窺うことができる。八ヶ岳南麓の井戸尻の土器において顕著なことは彼らが月を中心とした世界像を持っていたことである。月は欠けるとともにまた再生するものであり、生命の永遠性を象徴するものである。そこには生命の水である変若水があるとされ、水を恵むものでもある。そこから月に連関する女性、水に連関する蛇や蛙が頻繁に主題化される。女性あるいは女神の首は多く切断されていることが示すように、彼らは死と生の連関性を意識しており、また月の満ち欠けに関わるものとして蛙の肢体が表象されている。彼らの生活の根底に関わるものとしては太陽よりも月および月を読むことが重要視されており、これは太陰的世界観と言ってもよいであろう（富士見町井戸尻考古館『井戸尻』第八集）。

紀元前一千年紀のプロセスの間に弥生人を形成することになる集団が渡来し、縄文人は表面からは退くことになる。縄文人の多数は弥生人と混血し、融合しない縄文人は南や北に追われることになる。こうして列島は弥生文化とともに倭人という新たな日本人の原型を作ることになる。この弥生文化は縄文文化に対するならば、野生から洗練へと変化しているが、それは国家形成をも伴うものであった。この変化はやがて支配権を握る天孫族の影響もあり、月よりは太陽を重視する性格を持つものであった。従来の月信仰は月読神という低調な神に収縮することになる。しかし縄文人的な要素が全く消滅したわけではなく、かなりの程度において以後の文化の中に浸透している。例えば記紀の神話において、イザナミがカグツチを生んで死んだとされていることには縄文の女神の死の残像が残っていよう。

以後日本列島に出現する神々は、国家形成の由来からすれば当然のことであるが、まずは渡来系の神々である。そこには例えばイナリやアラハバキ神がある。イナリというものは元々は穀物神などではなく、金属熔造の神であったようである。稲荷神は元来はイナンナ女神としてオリエント起源の最高神としての性格を持つものであったと考えられる。もっともイナは光という意味の南島語に由来するという説もある（村山七郎）。由来はいずれにせよ、こうした超越的な最高神はアニミズムに基底を置く天皇制国家にとっては危険性があり、無視あるいは排除あるいは変形されることになる。

アラハバキには非農耕民、特に金属労働に従事する者の神という性格がある。アラハバキはもとはアラビア語のアラフ・バーキーであり、それは真の不滅の神の声を聞き知ることを意味し、アラハバキ神とはオリエント由来の最高神であったという説もある。しかし日本では預言者的な最高神の性格は失われ、鉱山業の荒吐神、旅行神としての荒脛巾神、性神、荒吐えびすなど多様に変形している。それらを祭っていた神社では客人神として主座を追われ、摂社や末社に落とされ、つまるところ足萎えを平癒する神として草履を供えられたりする。

これに似た神としては出雲のクナト（久那斗）神がある。クナトとは三叉路という意味にされたりしているが、出雲最古の神とされているクナト（ノ）神はそれとは別のものである（近江雅和・榎本出雲）。出雲はその国も宗教も多層的であるが、出雲神族の伝承によればクナト神はオリエント出自の世界創造神、一神教的な唯一神であったのである。エジプトのイクナトーンも無関係とは言えない。伝承によれば出雲神族は気候の変化を避け、クナト大神に率いられて山河を越えて出雲の地に到達したとされている（吉田大洋『謎の出雲帝国』）。クナト大神は農業や鉄の採集を教え、王に推されたとされる。吉田は出雲神族はシュメールからインドを経て出雲に達していると見ているが、清川理一郎はプロト出雲はエドム人であり、それと密接な関係にあるフルリ人の神クナト大神はエドム人の神でもあったとしている。フルリ人の故地は北メソポタミアであったが、シュメール人と交流があり、またヒッタイトから製鉄術を習得していたとされている（『環日本海　謎の古代史』）。出雲の恵曇湾という語はエドムに由来している可能性を排除できない。

その後出雲にはスサノオ集団や天孫族が侵攻して、クナト大神も幸の神、塞の神、道祖神などにされることになった。クナト大神の残像は大穴持命に見ることができるが、またそれは熊野大神になったと見られる。熊野については隈の地であるとか、熊をトーテムとするところから来たというような諸説があるが、クナトノが転化した可能性が最もありうることであろう。無論出雲神族と言われるプロト出雲族がシュメール人であれ、エドム人であれ、彼らは必ずしも直接日本列島にやって来たわけではないであろう。そのルートは内陸だけでなくインドを経由しており、その媒体となったものとしてはドラヴィダ人が考えられ、彼らがシュメールやエドムの記憶を伝承している可能性はありうることである。

渡来の神々のかなりの部分はインド出自である可能性がある。建御雷神はインドのカリンガ地方のライプールの武将を漢字読みにした可能性があるが、タケイカズチに敗北して諏訪に閉じ込められたことになっている建御名方神の名はシスナーガに由来している可能性があり、清川によれば原インドラ神の武神崇拝を示している。さらに諏訪神社にはユダヤの要素があるという見方もある。エドム人はユダヤの異端的な部族であり、ユダヤ人自身が日本列島に渡来していることにはかなりの兆候があったのである。ユダヤ的な痕跡は伊勢に残っており、アマテラス以前の伊勢大神はユダヤ人の神であった可能性がある。

諏訪神社のミシャグチ神（御左口神）信仰は諏訪地方を中心に広がる原始的な地霊信仰であり、これは渡来神というよりは縄文時代にまでさかのぼる地霊信仰である。土地と人間の豊穣を祈願する信仰対象であり、陰陽石などに象徴されるものであって、諏訪神社はこの土俗的な精霊信仰を化石のように維持している。諏訪神社も弥生時代以降は通常の神社という体裁を持つようになるが、縄文文化的なものは神事として組み込まれることになる。そうしてこの神社は神を体現する大祝が世俗も支配するという独自の祭政体制を持ち、伝説的なヤマトタケルも信濃は辛うじて通過するだけであったとされている。

天皇制国家は概括的に言って先住の海人族を朝鮮半島から渡来した天孫族が制圧することによって生まれているが、その支配体制の組織化は、信仰の面では服属した先住民の神々を天孫族の神々の下に組み入れるという形をとっている。これが所謂「天神」と「国神」の組織になる。支配体制の系譜は神々の系譜の編成と並行するものとなっているのである。

ところで先住民の神々の多くは天孫族の侵入後同化したのに対して、あくまでも王権的な神々を祭らない人々があり、それが「まつろわぬ」者である。その神々にはアラハバキ神やエビス神などを含み、王権的な神にとっては異端的な性格を与えられる。

かつて日本の神道は固有信仰と言われていたが、日本列島の神々の主要な要素は列島外から渡来しており、縄文人自体南あるいは北から渡来している。固有信仰というものは本来的にありえないとも言えるのであり、日本列島の神々はいずれにせよさまざまな海外の先行要因をベースとして形成されている。したがって日本列島の宗教現象はインドだけでなく、視野はユーラシア大陸、ことに西アジアにまで広げなければ適切に把握しがたいものである。そうしてこのように日本の宗教が広範な要素を取り集めているということは、言うまでもなく日本列島の住民がきわめて広範な世界から寄り集まっていることの現れなのである。無論宗教的な現象は人類学的な現象以上に、直接的な渡来よりも伝播によるところが大きいであろうが。

二　記紀の神々

まず古事記と日本書紀における神統について触れておくことにする。両書には記述の相違がかなりある。

古事記では天地が生じた時に高天原に出現した神は、天之御中主神、次に高皇産巣日神、次に神産巣日神であるとしている。これが造化三神と言われるものであるが、神名が語られているだけである。宇宙は神が出現する前にすでに存在しており、日本の神はその後発生したものであり、宇宙の創造神ではない。日本書紀では、天地がいまだ分かれず混沌としているときに牙《きざし》が生じ天地が定まり、神聖《かみ》が出現したとされている。ここでは淮南子などの影響で多少宇宙生成論的なものの片鱗を見せている。しかしそれは一応記述しただけであって、記紀は本質的に宇宙創造論（コスモロジー）には関心を示していない。

古事記では次いで、葦牙のように萌えあがるものによって生じた神はウマシアシカビヒコヂノカミであり、次に天之常立神、さらに国之常立神、豊雲野神が挙げられている。書紀では天地の中に葦牙のような一物が生じ神となったが、それが国常立尊であり次に国狭槌尊、豊斟淳尊と多少違った名となっている。

古事記では次に宇比地迩《うひじに》神、妹須比智迩《いもすひじに》神、角杙《つのくい》神、妹活杙《いもいくくひ》神、意富斗能地《おほとのじ》神、妹大斗乃弁《いもおほとのべ》神、於母陀流《おもだる》神、妹阿夜訶志古泥《いもあやかしこね》神という奇妙な名の夫婦神を挙げている。書紀では神名等に多少の出入りと違いがある。

この奇妙な神名については、泥のような混沌状態から生物が生成することを表しているというようなもっともらしい解釈がなされている。その代表的なものは本居宣長の『古事記伝』である。彼は宇は泥であり、邇（迩）は沼であり、角杙神については角は都怒と読み、物の分かちがいまだ生じない形を言うとし、意富斗能地神などについては地となるべきものが凝成して国處となる意味であり、於母陀流神は書紀で面足尊と書かれているものであるが、面の足とは不足處なく備わっていることであり、阿夜訶志古泥神に関しては阿夜は歎声であり、いよいよ切であるということであるときわめて文学的かつ主観的な解釈がなされている。これは歴史的な解釈ではなく、基本的に意味論的な解釈であって、おそらくは誤りである。

書紀では古事記において創造的な意味合いを与えられていた高皇産巣日神は「神代上」では一書を除き本文では言及もされず、「神代下」において初めて出ている。この神（本書では高皇産霊神と書く）はアマテラスとともに皇祖神とされるものであるが、その位置には不安定なものがある。高皇産霊神の由来からすると創造神としていない書紀の方が妥当であろう。

高皇産霊神は通常「生ス」ということから生成の原理の神であるとされている。ユダヤの神ヤハウエは「ありてあるもの」という語をそのまま神名にしたものであるが、それはユダヤ人であればこそありえたことと言える。しかし日本列島に住むことになった人間は総じて抽象的な思考には無縁で、生成神のようなものを考えていたかどうかには疑問があろう。日本においてはより実在的なものを予想すべきなのである。一般に意味論的にのみ神名を考察し歴史的な考察を省くことには陥穽があり、これらの神には具体的実在があった可能性がある。無論、歴史的実在についての記憶が失われて植物の生成論的解釈がなされた可能性はありうることである。

高皇産霊神はしばしば北方系ツングース出自のものとされているが、南方系の要素も否定できない。高皇産霊神は対馬の日神と月神の祖先であるという書紀の記事があり、朝鮮半島との関係が予想されるが、南方から朝鮮に進んだ可能性もある。浜田秀雄は高皇産霊神はアシムスつまり百越のムス（無諸）氏を神化したものとしている。南方系の要素も持つ高句麗の始祖王朱蒙はムスを反転している可能性がある。要するに高皇産霊神は北方系の高木神と南方系のムス神が接合してできたものであり、人格的には高句麗の祖先神朱蒙に体現されるものであろう。扶余・高句麗系の要素を持つ天皇家が高皇産霊神を祖先神の一つにしているのはもっともなことである。

浜田はまたアシカビヒコヂはインド出自のアソカ国の支配者を神化したものと見ている。それはニギハヤヒでもあり、ニギハヤヒはアショカを饒速日と漢字化し、それを和文的に読んだものである可能性がある。ムス氏は主に九州、アソカ族は主に近畿を支配した先行支配部族と考えられる。浜田はさらに国之常立神に燕王の成公を当て、豊雲野神は狗奴を指すと考えている。泥から生成する奇妙な神名にも何らかの歴史的実態が隠されているように見える。浜田は宇比地迩神は紀元前一世紀に南朝鮮で不而県を作った人達であり、彼らはインドのカリンガから逃れてきた人たちではないかとしている。また角杙神などは高句麗を表音しているとする。また意富斗能地神などはナンダ王のMahapadmaのpadを大斗と表示したものであり、於母陀流神はアヴァンティ系のVindaを発音するために用いたとし、さらに阿夜訶志古泥神については東冶（アヤ）に都した閩越から来た神ではないかとしている。八代神社の祭神天御中主神の出自はインドであろう。

要するに古事記において生成途上にある状態を表しているとされるものの背後には、現実の歴史的実態があり、浜田は初期の神々は日本列島に渡来して支配した集団を神化したものと見る。それらは天孫族が日本列島に進入する以前に列島に渡来した諸族を意味する。古事記の筆者にも先行渡来人についての何らかの記憶が伝えられていたのであろうが、その叙述は神名の羅列であり、それらの機能も忘れられた感がある。無論浜田の推論がそのままで妥当するかどうかは留保しなければならないが、歴史的理解の意味は認められる。

次にイザナキとイザナミがあり、国之常立からイザナミまでは神世七代と言われる。ここまでの神の集団は三、五、七の数字に合わせたものであり、幾分便宜的なものであることをおのずから語っている。浜田はイザナキ、イザナミが生んだとされている大事忍男以下の神は多くはアヴァンティなどインドからのものであるとしている。このイザナキ、イザナミは宣長以来、誘うという語に由来すると説かれるが、これもあまりに文学的な解釈であろう。浜田はイザナミは壱岐に逃れてきた南越王イサに由来し、漢に追われ壱岐の西岸の半城湾に現れたものをイザナキと推測している。言語学者の村山七郎はイサナキのイサは南島系の第一を意味するイタから派生したものであり、ナキはやはり南島系の男を意味するロキから派生したものであるとしている（「日本語の起源」『民族学研究』第三五巻第四号）。南越のイサ氏もこうしたイサの語源から来ている可能性があろう。

記紀においては、すでに天地が生じているにもかかわらずさらにイザナキ、イザナミが国土を創造するという奇妙なものになっているのであるが、兄妹による世界産出の神話はポリネシアなどかなり広く分布しているものである。おそらく天孫族は淡路島にいた時に海人族からその神話を入手したのであろう。いずれにせよイザナキ、イザナミの神話は東南アジアの海人族に由来するものであり、そこには実体的集団があったはずなのである。

古事記ではイザナミの排せつ物から現れた和久産巣日の子が豊宇気毘売とされている。これが伊勢神宮の豊受大神である。これは穀物神とされているけれども、筑紫の国の白日別と同様にもともと豊の国の王としての豊日別と同じであろう。浜田も豊受大神は邪馬台国の女王を意味しているとしている。次いでイザナキが左目を洗った時にアマテラスが出現し、右目を洗った時に月読神が生まれ、鼻を洗った時にスサノオが出現したとされている。神代における神の出現に多く見られることであるが、その出現は何らかの機会によって化成するものが多いという特徴がある。これは逆に見れば神々は偶然的に出現しているということである。キリスト教においても、世界を作った究極因は神であるが、個々のものが機会（occasio）によって生じているという機会偶因論というものがある。この意味では日本神話の神々の多くは機会偶因論によって生じている。それはイザナキ、イザナミの兄妹相姦の不都合を回避させている。アマテラスは皇祖神とされているから後に触れるとして、ここではスサノオだけに触れておく。

しばしばスサノオは出雲の地方豪族であったように考えられることがあるが、そこには神話と歴史の混同がある。スサノオはまず神であって、歴史的実在ではない。無論神話の担い手（トレーガー）があるのは当然である。また実在の歴史的人物がスサノオを騙ることはありうることであるが、両者は区別されるべきものである。ともあれスサノオ神は出雲の須佐地方の小豪族などではなく、出雲の須佐は歴史的なスサノオを僭称する人物がそこに滞在したことから生まれた地名であろう。歴史的スサノオをもって神話的スサノオの出生地や生年月日を言うことはナンセンスである。

神話的スサノオは荒ぶる神であるとともに恵む神でもあり、根本的には自然の猛威に対抗して人間を守る威力の神化であると考えられる。スサノオの名称は新羅の第二代王の南解次次雄に関わりがあり、巫を意味する新羅語のススングから転化したとする説もあることが示すように、巫王的な性格もあるようである。

神話的、歴史的スサノオはともに朝鮮半島から渡来したという伝承があり、朝鮮半島では新羅と関連が深い。しかしスサノオは単に朝鮮半島に関わるだけでなく、東アジア的な要素を持つ天王であることは東族古伝が示唆を与えている。日孫はアメミシウクシフスサナミコと言われているが、これはかなりの可能性をもってスサノオと理解される。この日孫が「東大国皇」と言われ、スサノオは東族の初代王なのである。神祖の神統には東冥つまり日本にもアシムス氏があるとされ、スサノオ的な存在は日本列島にも関係している。日孫が天下りしたスサモリの京は首里であるという説はかなり困難であるが、沖縄がスサノオを担う東方族の通過拠点になったことはありうることである。

日孫の侯王は頭に刃角があるとされ、しばしば神憑りになり、立柱などの鬼道を行ったとされており（第十五章）、侯王には牛頭信仰が現れている。古代日本にもかなり早くから牛頭との連関現象がある。崇神六十五年に任那の蘇那曷叱知が朝貢したという記事があるが、蘇とは牛ということであり、那曷とは出ているということである。また垂仁紀にはツヌガアラシトが来朝したという記事があるが、朝鮮半島ことに新羅からはしばしば牛頭の衣装をした人間が来訪していたということであろう。スサノオ神の孫神には韓神や曾富理神がありスサノオが直接的には朝鮮半島から渡来していることを明らかにしている。日本列島における牛頭天王的スサノオ神の始まりに関しては祇園社の社伝「八坂郷鎮座大神之記」において、斉明天皇二年に高句麗の調進副使伊利之使主《いりしおみ》が新羅の牛頭山のスサノオ尊の神魂を遷座したという記録がある。スサノオが牛頭山の出であり、それがスサノオの神霊とされ、そこからスサノオが牛頭天王と習合されることにもなったのであろう。

しかしスサノオの起源はおそらくインドにあり、端的にはヒンズー教の最高神の一つであるシヴァ神に由来するものであろう。シヴァ神の前身はヴェーダのルドラ神であり、ルドラ神は泣き、吠える神であり、その性格はスサノオに引き継がれている。またシヴァ神はスカンジナヴィアのオーディンにつながりがあり、ギリシアのゼウスもその一員である。シヴァ神の本来的前身のインドラは「牡牛なる」と呼ばれるように牛神でもある。しかしスサノオの神性はさらに西アジアに淵源を持っている。そうしてシヴァ神は聖牛信仰を持つアーリア人だけでなく、蛇信仰を持つドラヴィダ人を担い手としており、牛頭信仰は西アジアを含め世界的に分布している。それは人類の初期からとも見られ、アルタミラの壁画にすでに描かれている。これは牛を強力なものとして捉え、またその強力を獲得しようとする願望が示されており、それを象徴するのが頭であり、特にその角である。スサノオが牛頭天王と習合しているということは、スサノオが自然界を支配する強大な王者と見なされていることを意味している。

このようにスサノオ神は広大な背景を持ち、しかもそれが容易に整理できないほど混交している。東族古伝においてはスサノオ的神祖は太陽神の孫であり地上の支配者とされているが、記紀においてはスサノオはアマテラスの弟に位置づけられ死者の国に追放されることになっている。これは天孫族にとって地上の支配者的な存在がライヴァルであるとともに危険な存在であり、排除されるべき存在であるとみなされていたということであろう。しかしこの天王的な威力は完全に消去することはできないのである。

三　玉垂宮

支配を担保する神々の具体的形態は神社に見ることができる。日本列島の国家形成に対応して北九州から見ておくことにする。すでに日本の神社の特質である起源と祭神の不透明さを示しているのは筑後一の宮の高良大社である。祭神は高良玉垂命と豊比咩命とされているが、これが明確でない。おそらくこの神社も山上にある磐座信仰から始まっており、当初祭られていたのは自然神であり、山頂付近には水分神社がある。次第に人格神を求めるようになったのであろうが、それがきわめて多層をなしており、しかも早い時期から仏教と習合している。

有明海からの目印になっている高良山には水信仰の要素がある。仏教渡来以後のことであるが、躰聖人は天竺無熱池の水を勧請している（『高良玉垂宮縁起』）。水信仰は月信仰とつながっており、それは変若水《おちみず》と言われる月の水を降ろす儀礼となる。神功皇后のいわゆる新羅遠征の際に住吉の本地である「明星天子」とともに高良の本地である「月天子」が東空に現れたるとされている。アマテラスは日神であり、高良大菩薩は月神であり、住吉大明神は星の天子であり、三者があって天地は豊かになる、と（『高良玉垂宮神秘書』）。月信仰は記紀ではパッとしない月読神にされてしまっているが、高良大社には太陽信仰に対する月信仰の要素が基底にあったことが窺われる。

水の祭祀は山麓の豪族水沼氏が担っていたようである。水沼氏は県主となり、後に筑紫君に取って代わられたが、宗像君と連携し、出雲とも関わりがあり、海人族の性格があるようである。高良大社が景行と連関づけられているのは不思議でないが、水沼氏も景行と関連づけられている。これは書紀で景行の皇子が地域の豪族である水沼君の祖であると付会されていることによるものであろう。もっとも水沼氏がタラシと称する祖先神を持っていた可能性があるという説もある（山中耕作）。

水信仰は玉の呪術につながっており、鎮魂呪法をなしている。その祭祀の前提は禊と水による再生、変若水祭祀であり、ここに日本の神道の基本モチーフの一つである水の祭祀による再生思想が現れている（折口信夫）。さらに高良玉垂宮には潮の干満を支配する干珠満珠の使い手という仏教用語的な伝承があるが、これは神功皇后が海中から如意珠を得たことに由来するとされる。このように玉垂命は様々な粉飾によって不透明なものになっているが、根本は玉の呪術を行う巫王、海人族のシャーマンであったとしてよいであろう。鎮魂石のタマフリの呪能がオキナガタラシヒメや高良の玉垂の名の背景にあると言われる（三品彰英）。

主神としての玉垂命が何者であるかについては海神綿津見を始めとしておびただしい説がある。しかし海神は神功皇后が三韓征伐の際に海神の娘の豊玉姫の潮溢之瓊、潮涸之瓊を使用したという説話が生まれて以後の説である。また安曇族の祖の磯良という説があるが、これは祭神というよりも異国征伐の際に高良の宮が支援を求めたということが真相であろう。その他縁起によると玉垂宮の候補としては武内宿禰、藤大臣、物部膽咋連等が挙げられている。このうち武内宿禰は仁徳の時代には筑紫を去ったとされており、祭神にはなっているとは言い難い。藤大臣という不可解な人物に関しては『高良玉垂宮神秘書』では神功皇后の間には五人の子を設け、皇后は仲哀との間には四人の子があったとされ、これは「九州」の伝説の元にもなっているようであるが、かなり童話的なものである。

しかし鍵になるのは藤大臣は月天子の号であり、物部大連保連が干珠、満珠を借りた時の仮の名であるとされていることであろう。しかしこの人物は他に見えない人名であり、おそらく

『先代旧事本紀』で物部の八世孫とされ、景行朝に神宮に奉仕したという物部膽咋宿禰がそれに当たるであろう。彼が高良神社を設立した可能性がある。しかし大連クラスの高官を祭神とするのは不足不適当でもあり、藤大臣というような名称が案出されたのであろう。だがいずれにせよ高良大社を最終的に掌握したのは九州物部氏であったようである。

姓氏研究家の太田亮は『高良山史』で高良大社は物部氏が最初に作った神社であるとしている。彼は高良の数ある祭神の候補を否定するとともに物部膽咋連が藤大臣連保と混同された可能性があるとする。そうして大社の当初の大祝は武内宿禰の後裔と称しつつ一名を物部連保としていることなどから大社は物部の氏神であることは明白であるとしている。物部氏の一部は弥生時代に朝鮮半島から大規模に移住してきた最初の集団である。彼らは当初は遠賀川河口付近に入植したが、その後遡上し筑後平野に拠点を置いている。彼らの主流はその後東に進み大和に定着したが、一部は北九州に残り、高良山に神社を構えたようである。物部という姓は大和に入って与えられたものであり、彼らはいわゆる天孫族より先に大和にいわゆる天下りをしている。

注目されることは高良山は高牟礼山とも言われ、高牟礼とは高樹神つまり高皇産霊神のことであるとされている。したがって高良山の当初の祭神は高皇産霊神であったと考えられる。そうして現に嘉麻市を中心に約三十社の高木神社が濃密に分布しており、高皇産霊神の信仰の中心は北九州の英彦山周辺であったことを窺わせる。『高良玉垂宮縁起』によれば、藤大臣つまり玉垂宮が地主神の高牟礼に宿を借りようとし、山上に石畳を構えて結界としたが、これが神籠石であるとされている。『高良玉垂宮神秘書』において彦権現は「異国人」であり、高良の彦権現は「モハラテキ神ナリ」と記されている。彦権現とは高牟礼つまり彦山を中心にした高皇産霊神の流れにあるものであろう。いずれにしても高良大菩薩は高良山を詐取したことになる。

高良山の祭神が高牟礼つまり高皇産霊神から高良大菩薩と称される玉垂命に移動したことに関しては『高良玉垂宮神秘書』第一四二条に記述がある。それによると仁徳天皇の時、高良大菩薩は海から有明海の岸辺に着き、高良山に至り、ここが自らの住むべき所であるとしたとされている。第五三三条によると、高良大菩薩はタイトウつまり伽耶のアレナレ河から大善寺に着いたとされている。大善寺は水沼氏が水辺の祭祀をしていた拠点であり、高良大社の創始者は朝鮮半島から渡来し、水辺の祭祀を継承して高良に登ったのであろう。これは物部氏の移動そのものを表わしていよう。

その間に海人族の水沼氏の水の祭祀が高良山にも波及し、物部氏は水沼氏の海人族的な祭祀の要素を継承したのであろう。その多分にシャーマニズム的な要素は筑紫の巫覡（シャーマン）の統括者であった物部氏の巫覡集団が担ったのであろう。巫覡に関与していた大祝は主に物部氏であった。したがって高良玉垂神を遊行神とするのは適切とは言い難く、明らかに宗教的政治的関心を持って移動してきた神である。

その後、大和に入った物部氏は石上坐布留御魂神社を営んだが、物部氏は剣を神体とするとともに、それと関係のある鍛冶王の面を持ち、剣と火の呪文で魂鎮めの祭祀を行っていたようである。これに対し高良大社でも景行の鎧兜を祭ったという伝承（『肥前風土記』）があるように武の要因はあるけれども、特徴的なものは月と水の祭祀であった。玉垂命は月神であり、偉大な月の輝きを表現し、その特徴的な祭祀は水沼氏の霊水の呪術であった。

物部氏のこの二つの祭祀形態に関して清川理一郎は、インドシナ半島のモイ族の火の王と水の王に関係があり、物部氏はこの伝承を受け継いでいるとしている。しかしさらに遡れば、これらの伝承はクメール族などを通じてインドから来ているものである。ここには火と剣の系統と水と月の系統があるが、後者に関しては月の神から生まれたと言われる武人階級クシャトリア出身のチャンドラ王朝があり、これはまた月氏の王朝であるともされる。清川は物部氏の主流はニギハヤヒの火と剣の祭祀であり、高良大社の玉垂命は月神、霊水、鎧などクシャトリアにつながる副の系統であるとしている（『環日本海　謎の古代史』）。これは興味ある見方であるが、物部氏には両面がある。後で触れるように石上神宮にも剣の祭祀だけでなく水と玉の祭祀があったのである。もともと物部氏は多くの東族と同様に朝鮮半島とともにインドからの要素によって構成されている。景行紀で物部君の祖とされている「夏花」などは南方系を示しているようであり、それは朝鮮半島から南下して海洋民になった後に九州南部に渡来したと言われる（本野嗣郎「もう一系の太陽神」）。いずれにしても物部氏は北方系と南方系の複合氏族、より正確には氏族集団であったと見られる。

もう一つの祭神である豊比咩命も豊玉姫を始めとして様々な説があるが、豊玉姫と明記されている例はない。豊比咩は神功の妹であるとされる香春神社の豊姫と同じであるとか、筑後川対岸の肥前一の宮の與止日女と姉妹であるという伝承もあるが、確かなものではない。豊比咩は大明神として肥前一の宮の與止神社にも祭られており、玉垂宮は與止日女と夫婦であるという説もある。筑後と肥前の両岸には近い関係があったようであり、後者の祭祀主体としては吉野ヶ里遺跡の首長が注目される。吉野ヶ里を盟主とする背振南麓の小国家には米多国のように越系を思わせる国があり、彼らが対岸の高良山に高皇産霊神を祭っていたとしても不思議ではない。

ところで高良という語にはカハラという読み方があり（『伊呂波字類抄』）、元来は神聖視された川という意味であるようであるが、産銅の山香春から来ている可能性もあろう。高良内には金、銀、銅、鉄を産する高良鉱山もあったのであり、金属技術を持つ物部氏が利用した可能性もあるであろう。しかしこの高良という語は『肥前国風土記』では高羅と書かれており、これが本来である可能性もある。太田は高良は神聖な場としての河原ということであり、さらに玉垂とは貴人が統べるということであって、その土地を主宰し、人民に恵みを垂れることであるとしている。しかし玉垂は祭神にしては抽象的すぎ、タラシが固有の意味を持つことは先に触れた通りである。

月信仰という基底を持ち、魂鎮めの呪術を持つ高良神社は最初の有力氏族の物部氏の神社であり、日本列島の神社信仰の基底にあるシャーマニズムを指し示している。高良大社はやがて天皇制国家との連関性を帯びるようになるが、古くから仏教と習合し仏教神という特異な性格を持つものでもあった。また中世になると有力となってきた八幡信仰を取り入れて左相殿には八幡大神、右相殿には住吉大明神を祭ることになっている。そうして宇佐神宮の影響下に八幡神輔弼の功神と位置づけられることになる。

もし邪馬台国が九州にあったとすると、それは高良大社にほど遠からぬところにあったはずである。もし卑弥呼の墓が九州にあるとした場合、高良大社の山麓にある祇園山古墳という三世紀の弥生終末期の古墳が注目される。これは一辺が約二十三メートルの方墳であるが、魏志倭人伝で言われる冢の径百余歩を短尺で考えるとすると、卑弥呼の墓としえない大きさではない。可能性は低いが、殉死者百余人に相当しうる陪冢の存在等からして、もし卑弥呼の古墳を九州において考えるとすると、この古墳は最もその可能性が大きいと考えられる。

しかし明らかなことは高良大社からありうべきニギハヤヒや卑弥呼は黙殺され祭神は玉垂という不透明な名前にされている。ここに高良大社のヤマト王権に対する屈従あるいは迎合あるいは便乗だけでなく、日本の神社の複雑かつ屈折した関係が集約的に現れていると言うことができる。

四　八幡大神

邪馬台国は高良大社のある筑後川下流域から宇佐を経て近畿に移動した可能性があるが、宇佐にはまた邪馬台国と関連があるとされることもある宇佐神宮がある。宇佐神宮の由来にも多層的で不透明なものがある。宇佐神宮は第一殿に誉田別尊、第二殿に比咩大神、第三殿に大帯姫神を祭っているとされるが、このうち第一殿と第三殿は宇佐に八幡信仰が入って後の付加である。

始源的な宇佐信仰は御許山の磐座信仰であり、宇佐姫、姫神を祀っていたようである。比売（姫）は娘という意味ではなく、巫女あるいは巫女王ということである（内藤湖南）。それを祭る宇佐氏は宇佐神族と言われることがあるように由来はかなり古い可能性がある。伝承によれば宇佐族は大陸から渡来したとされているが、これは出雲族に近い伝承であり、宇佐氏の場合も製鉄術を持っていたと推定され、これは国東半島の縄文末期の遺跡から製鉄遺物が発見されていることからも推測される。

宇佐氏の姫神信仰は海人族の巫女信仰に根差すものであり、宇佐氏はもとは海人族の海氏であったと見られる。宇佐は海人族の拠点であり、海神社が多いところである。海神社は海部安曇神を祭っており、安曇磯良に関係する神社は宇佐のほかに志賀海神社、高良玉垂宮などがある。宇佐氏も有力な海部を抱えており、丹後の海部氏は丹後に天下りして日向に移動し、また丹後に戻ったとされているが、宇佐から移動したというのが真相であろう。

しかし『先代旧事本紀』の「国造本紀」によると宇佐氏の祖先神は高魂神つまり高皇産霊神とされている。また宇佐氏系図によると祖神は高皇産霊神の子ともされる天三降命とされている。天三降命の子がイワレヒコに従ったという宇佐津彦、宇佐津姫の兄妹であり、宇佐津彦の子の常津彦耳命は時代的には疑わしいが景行紀の耳垂であるとされ、彼らが後に宗像に移住し、水沼君の祖となったとされている。つまり宇佐側からの伝承によると宗像三女神はもとは宇佐に出現しており、宇佐からその担い手とともに移動したことになる。

この伝承の錯綜を解きほぐすならば、宇佐氏は姫神を氏神にしていたが、高魂神つまり高皇産霊神の影響下にあり、ヤマト王権との接触以来天三降命を祖先神にすることになったのであろう。つまり宇佐氏ももとは高良大社と同様高皇産霊神を信奉していたようであり、ここから示唆されることは北九州の初期の支配的神は高皇産霊神であったということである。高皇産霊神はしばしば北方ツングース由来の神とされるが、北九州の高皇産霊神の信仰の分布からすると、それはむしろ南方の海人族の神の性格を持っている。記紀は海人族から高皇産霊神の伝承を摂取し、それが北方系の要素と習合したのであろう。

しかし宇佐神を頂く宇佐の海人族はやがて朝鮮半島からの鍛冶シャーマニズムに敗北し、八幡信仰が生まれている。この八幡信仰は元来は宇佐には無縁なものであり、朝鮮半島からの渡来人によって創出されたものが宇佐の地に持ち込まれたものなのである。

宇佐地方は新羅からの移住者のコロニーであって、特に五世紀には秦氏が大量に移住し、秦王国のような観を示していた。八幡神はまず新羅から渡来した秦氏の系統の辛島氏に出現、啓示されている。鍛冶の守護神である八幡神はおそらく鍛冶シャーマンの辛島氏が導入したものである。弘仁五年（八一四年）の宇佐八幡宮に関する太政官符は、崇峻天皇の時代に八幡神が現れたので、その荒ぶる神の御心を和らげるために、辛島勝乙目が宮柱を立て、辛島意布売を禰宜にしたという記事がある。

しかし八幡が何に由来するかは諸説あって判然としていない。あるいは焼畑（やばた）あるいは秦氏の氏神としての弥秦（やはた）あるいは山豊神（やばたい）が挙げられたりする。最も有力なのは仏教の八正道に由来するというものであるが、これは仏教に片寄りすぎた考えであろう。なぜならヤハタは根本的には道教から来たと考えられるからである。

宇佐地方には朝鮮式の道教が行われており、八幡信仰が生じたと見られる香春神社の祀祭者である赤染氏は常世連と言われ、常世信仰を持っていたが、これは道教のものである。北辰つまり北極星信仰も道教のものであるが、北辰社は宇佐に最も早く入ってきたものである。そこには旗を立てて祭る朝鮮の部落祭祀の前提がある。ヤハタ信仰は神の憑代である多くの幡をはためかす神への信仰であり、それは神の使いである鳥に表象される。結局八幡信仰は道教の八方の神に由来し、八つの幡に象徴される易の八卦の哲学原理に由来すると言える（福永光司）。

宇佐氏の伝承では神魂、高御魂、生魂、足魂などの八神を選んで四方と四隅の八幡神とし、これに易の八卦または八象を配当したとされる（宇佐公康『古伝が語る古代史』）。易は道教と強い連関性があるものであるが、宇佐八幡はこのように諸原理を混合しており、その背後にはいずれにせよシャーマニズム的な神憑りが控えている。秦氏の八幡信仰がシャーマニズムにつながりがあることは、その古宮八幡宮が香春岳にあることから示唆される。香春とは神聖な川という意味のほか、銅などの金属を意味するカルから来ていると考えられる。鍛冶は火と水と風を使い神と交わるようなシャーマニズム的な秘術と結びついたものである。

さらに八幡信仰には母と子の母子神信仰の要素がある。この母子信仰は天童信仰と言われる。加羅の始祖王は卵から生まれているとされるが、卵と童子および母体は同類であると考えられている。現に朝鮮語の卵を意味するアルには母体と幼児の二つの意味があると言われる。また朝鮮では巫女が降臨させる特殊な霊を太子と呼び、そうした巫儀を行う者を太子巫と呼ぶ。太子巫が祭る太子神を原型にした八幡神は悪神、悪霊、悪鬼を打ち破る霊力を持つと考えられる。八幡信仰が太子信仰を前提にしている限り、八幡宮の祭神は息長帯姫と誉田別命というように母子神という構成になるのは不思議でない。三品彰英は八幡宮の原型は母神と御子神の組み合わせであり、そこに大帯姫神が加わったものとしている。そうして太子つまり八幡神を降臨させる母神さらには巫女の機能が重要になる。八幡神は巫女としての太子巫に憑依するが、これは宇佐神宮では辛島氏の巫女である禰宜であり、このシャーマン的な禰宜が託宣することになる。

ところで八幡神が応神天皇の霊であるとされるようになるのは六世紀における三輪神社の道

士であるとされる大神比義なる人物によると見られる。鎌倉時代に出された宇佐八幡宮の宣託集では、道士の大神比義の前に鍛冶の翁が変じて三歳の童子が現れ、「辛国の城に始めて八流の幡を天降して、吾は日本の神になれり。一切衆生左も右も心任せたり。釈迦菩薩の化身なり……吾は是れ日本人皇第十六代誉田天皇広幡八幡麻呂なり」と宣じたとされている。道士が応神の霊を宇佐に現出させたのは、もともと三輪神社は先住民の神社であり、天皇祭祀としては不都合な面があったから、天皇守護の神社が要請され、それが宇佐の権力関心と合致するところがあったからであろう。

大神氏の主導で八幡神は七二五年に小倉山に遷座している。ここに宇佐八幡宮が誕生するが、それは官制的な神社になることをも意味している。宇佐八幡宮には大宮司として大神氏、小宮司として宇佐氏、禰宜として辛島氏という神職がいた。しかしヤマト王権の統制下に立つようになって大神氏が禰宜も兼ねるようになり、辛島氏は次第に主流から排除されるようになる。そうして宇佐神宮は当初は八幡大菩薩と姫神の母子神を祭っていたが、その後八幡神は応神天皇であり、姫神は神功皇后であるとされ、さらに大帯姫神が加わり三座体制となった。しかし大帯姫神が神功皇后とされるようになったため、姫神はもとの独立の神格に戻っている。

この姫神には議論がある。応神の后とする説や有名な宗像三神、特にイチキシマヒメを当てることもあるが、宇佐の御許山の地主神であるとするのが妥当なところであろう。卑弥呼であるという説もある。宇佐を経て近畿に移動した可能性はあるものの、姫神が人格神としては卑弥呼であろう（中野幡能）というのはかなり困難な説である。しかし宇佐にはシャーマニズム的な要素が強くあり、同一化されるようになる可能性はあったと言えよう。

注目されるのはこの地方の人々は仏教を公伝以前から信仰しており、八幡信仰も早くから仏教と習合していたことである。その仏教も代表的には未来仏としての弥勒信仰であり、シャーマニズム的な要素も持つものであった。それはその前の段階での道教的な豊国奇巫を受け継ぐものである。そこに医療活動を行う豊国法師などが現れることになる。そうして筑紫奇巫を率いていたのが物部氏であったと考えられる。大神比義は八幡信仰とこうした仏教を結びつけようとしたようであり、この仏教との習合はまた八幡信仰の普及をもたらすことになる。このように八幡信仰は民間道教信仰やインド教的信仰と結びついて仏教的シャーマンも生むことになるのである。

さらに宇佐神宮を特徴づけているのは王権への接近である。八幡信仰においては巫女が重要な役割を持ち、それは神の宣託を取りつぐ政治的な意味も持つようになる。大仏造立に際しては、天神地祇を率いて大仏の造立を成就させるであろうという破天荒な託宣を下している。これが功を奏したために一地方神社は中央の政治に影響を与える地位を獲得するようになる。国政関与の最たる例は道鏡を天皇にすることの可否を託宣するというようなことまでしていることである。

神社が国政を左右するようになる可能性は古代天皇制国家に内在していた。つまりこの天皇制国家は神祇祭祀とそれに伴うシャーマニズム的要素に依存する要素が少なくなかったのである。無論一方では王権は神祇を統制しようとしており、神社の官制化が進んでいた。しかし他方では宇佐神宮の例にみられるように神社が国政を左右する余地もありえたのである。

宇佐神宮と関わりが深いのは香春神社である。『豊前国風土記』の逸文によれば、新羅の国神がこの河原に住んだので鹿春の神というとあるが、新羅語の金村がカグポルということから来ている可能性もあるであろう。ここは銅を産出するところだったのである。香原神社の祭神は第一殿に辛国息長大姫大目命、第二殿に忍骨命、第三殿に豊比咩命が祭られているが、これはかなりのデフォルメがあると見られる。『豊前国香春神社縁起』(『宇佐神宮史』、史料編一)によれば忍骨命はアマテラスの子である天忍穂耳命を示唆するものである。豊姫は豊玉姫であるとされている。そうして辛国息長大目命は日神つまりアマテラスの霊であり、韓から到来した女神であり、神功皇后の祖であるとされている。香春神社の祭神はいずれも天皇家の家系につながるものとされ、かろうじて辛国息長大目命が新羅から渡来していることを匂わせるものとなっているのである。

王権による神社の統制は香春神社の場合に直接的に見ることができる。香春神社は古宮八幡宮を移設したものであるが、これは秦氏の一族である赤染氏の氏寺と見られている。この移設は大宰府の指示によるものとみなされ、その背後には当然ヤマト王権の神祇政策がある。それを主導していたのは日本書紀の実質的な編纂者であった藤原不比等であろう(大和岩雄)。

宇佐神宮は鎌倉時代になると源氏が八幡神を氏神とするようになり、八幡神は武神という性格を強くすることになる。しかし八幡神は早くから仏教に帰依し、仏教神の要素をもっている。この八幡信仰の性格をよく示しているのが放生会であった。これは奈良時代に隼人の大規模な反乱があり、それを制圧するために宇佐神宮の神職も兵士を伴って出征し、その際に多くの殺害をしたが、その罪障を消滅するために前もって捕獲していた鳥魚を放つ行事である。八幡信仰には武力行使とそれを仏教的に救済する装置があったわけであり、これが鹿島信仰と異なる点である。

放生会は豊姫信仰を持つ香春神社で作った鏡を宇佐八幡に奉納するものであり、宇佐神宮に香春神社の八幡神が接ぎ木されたことを示している。その際に香春から海岸に降りて豊日別神社に一旦奉納するというように豊日別神社には格別の意義が置かれている。この神社がサルタヒコを祭神にしているのは天孫降臨伝説の影響であろうが、いずれにせよ香春神社の渡来系の神も土地の神に敬意を表しているのである。

しかし宇佐神宮自体は天皇制国家の守護神社的なものとなる。応神が祭神とされるのは応神が始祖王と見なされていたからであろう。同時に八幡宮は日本の神社の祭神には国家権力からの介入と統制があり、またそれとの妥協によって、祭神が曖昧にされた事情が見える。祭神が曖昧であるということは、とりもなおさず信じているものが曖昧であり、それはまた信じるということ自体の希薄さに通じるものである。天皇守護神社の出現は天皇制国家の結果であり、また原因でもあるのである。

こうした八幡神社が天皇だけでなく村々を鎮守する代表的な神社となり、日本列島の最大多数を占める神社となったことは、日本の神社自体の基本性格を窺わせるものである。シンレティズムの極致ともいうべき八幡社が道教的シャーマニズムに基底を置き、日本の代表的な神社になったということは、またおのずから日本人の精神構造の背景を窺わせるものであろう。

II　国神《くにつかみ》の系統

一　出雲の神々

日本書紀は天孫族がニニギを葦原中国に降臨させようとした当時、その地には「蛍火の光（かかや）く神」や「蝿声（さばえなす）邪しき神」がいるだけでなく、「草木」が悉く「言語」を言うと記していて、日本列島がかなり不気味なものと見られていたようである。これは先住民の火の祭りを奇怪なものと受け取っていたことを示すものであろう。そうして高天原の神を「天神」とするとともに、葦原中国の神を「国神」あるいは地祇と差別化している。葦原中国は日本列島のことであるが、特に出雲が意味される場合もある。このさして大きくもない出雲が重要視されているのは、出雲が天孫族にないような濃厚な神話的資源を持つとともに列島の中心勢力と見られて警戒されていたからであろう。

出雲は独自性を持つとともに、由来は多層的である。出雲の支配層は少なくとも出雲神族とされるプロト出雲、スサノオ集団、ヤマト王権に服属した出雲臣の三層から成り立っている。しかしこれらがどのように連関しているか、あるいは連関していないかは曖昧模糊としている。出雲はヤマト王権の初期から圧力を受けていたであろうが、ヤマト王権が出雲を服属させたのは最下限としてはヤマト王権への服従の神賀詞をするようになった六世紀末から七世紀初めのことと推測される（門脇禎二）。出雲に圧力をかける際には出雲振根の誅殺の説話があるように武力行使もなされたであろう。しかしそれは天孫族の大和制圧と同じように、正面切った戦争というよりはなし崩し的な圧力と懐柔によってなされたと見られる。そうして最終的には蘇我氏が蚕食する形で服属させたのであろう。その時期は列島でまだ服属していないのは隼人と蝦夷くらいであり、出雲は最も遅れてヤマト王権の支配下に立つようになったようである。したがっていわゆる「国譲り」というのは全くの神話であり、歴史的事実ではない。皇国史観の時代には出雲が自発的に国を譲って古代国家形成に貢献したと言われたものであるが、現実は制圧であり、出雲は敗者となっている。国譲りの神話は勝者の「完全に空想的な創意」（鳥越憲三郎）にほかならない。

多層的な出雲は東部の意宇と斐伊川を中心とした西部との二つの重心があったようである。そうして西部出雲が吉備の攻勢によって弱体化するとともに意宇の勢力が西部にも進出し、それがヤマト王権の国造になるとともに出雲大社の宮司を兼ねるようになっている。風土記時代の出雲にはヤマト王権の収税機関である正倉が多く置かれて蚕食されていたが、郡などに神名火山があって神が鎮まっていたという記述が見られる。こうした出雲の伝承は『出雲国風土記』と記紀の記述では大きく異なっている。『出雲国風土記』では神話を前提にしつつ歴史的伝承の性格を持つものであるが、記紀の方は政治的な動機による神話的な性格が強いものとなっている。

出雲の神々の最古層にはクナトノ神の存在があったようであるが、これは名辞的には熊野大神に変容し、人格的には大穴持《おほなもち》神に継承されているようである。熊野には様々な語源に関する説があるが、クナトノ神の転化とするのが最も説得的であろう。風土記では大穴持命は「天の下造らしし大神」という特別の存在になっている。この神はその漢字名が示すように世界創造者であるとともに製鉄の神であろう。この他にスサノオの四世孫とも言われるミズオミツヌ（八束水臣津野命）が存在し、彼が出雲の国土の造成者とされている。そのいわゆる国引きの神話では乙女の胸を鉏として国を集めたと言われるように、出雲には元来幻想的なところがあったようである。

熊野大神は意宇の熊野大社に祭られており、風土記では熊野加武呂命とされているが、他面では天神的なイザナキの子であるともされ、直接的でない形でスサノオが祭神化されている。しかし神賀詞では熊野大神は神祖熊野櫛御気野命とされて保食神にされており、この神の由来を曖昧にさせている。

大神には他に野城大神と佐太大神がある。神魂命は地方神であったようであり、神魂神社は後に作られたもので、当初は熊野大神、さらに後にはイザナミを祭るようになっている。高皇産霊神は登場しておらずこの地方には進出しなかったのであろう。風土記における神々の記述の特徴は大穴持命をはじめスサノオおよび神魂命などが並列的に挙げられていることで、これらは別々に入植した集団の首長なのであろう。

風土記には出雲に越の人々が居住していたことが伝えられているように両者に関係があり、それは大己貴命つまり大穴持命と越の沼河姫の結婚によるミホススミ命の誕生という記紀の説話にも現れている。大穴持命は越の「八口」を平定したとされるが、これはヤマタノオロチと見なされる。越のオロチは東族古伝において浥婁あるいはヤオロチつまりオロチョンであり、沿海州の民族である。このように出雲は越などには関係がある一方で、その間の但馬や丹波には疎遠であったように見られる。これは但馬はアメノヒボコの影響下にあり、丹波、なかんずく丹後は同じ海人系であっても出雲の最高神は大己貴神であるのに対して、丹後の海部氏は火明命が祖先神であり、その神統は異なっていたからであろう。しかしいずれもその名から金属精錬の技術を持っていたことが窺われる。そうして丹後は早くから大和王権に接近しており、出雲は遠交策をとっていたようである。

記紀で大きく取り上げられている大国主命は風土記には存在しない。大国主はいわゆる国譲りにあたって譲渡主としての国主が必要であるところから創作された人造神である。風土記の大穴持命に当たるものは古事記では大国主神とされ、日本書紀では大己貴神のほか多くの異名を持っている。大国主は出雲の首長を合計した架空の存在であり、したがって多くの首長の名を持っているわけである。大国主は多くの結婚をしたことで知られるが、それも多くの首長の集合体を示している。

さらにスサノオが存在する。風土記におけるスサノオは奇妙にも神話的な性格を脱色した地方領主のようなものになっている。これは出雲のヤマト王権への服属にともなって出雲神族の主要部は東国や東北に移動し、風土記の執筆は主に意宇から移動した出雲臣によってなされたからであろう。ともあれ風土記のスサノオはスサノオを称する歴史的実在に関わるものであり、土地を見て心が安平になったと言うような温和な地方的な神である。したがってスサノオの宗教的神話性については記紀の方が詳しいために若干の付言をすることにする。スサノオ信仰は東族古伝における東族の始祖王を始めとして広大な分布を見せているが、東族古伝ではオロチ退治をしたのは神祖つまりスサナミコとされており、記紀の作者は東族古伝の資料を知っていた可能性がある。

記紀の書き方によればスサノオはあまり農耕民的ではなく、おそらく砂鉄の採取を主な仕事にしていたのであろう。記紀においてはスサノオ信仰が朝鮮半島から渡来していることが述べられている。日本書紀の一書ではスサノオは新羅のソシモリ（曾尸茂梨）にいたが、そこから出雲に移っている。ところでソシモリは日本古典文学大系本の頭注では、惟良大夫が蘇之保利と解していることに関して、徐伐つまり金のある村という意味での新羅と同じであるとしている。しかし崇神紀にある蘇那曷叱知の頭注にあるようにやや違って解して蘇が牛ということであるとすると、茂梨とは頭の意味であるから、曾尸茂梨とは牛頭山ということにもなろう。ともあれ新羅の徐伐のような王都、あるいは朝鮮半島の山、いずれにせよ宗教的歴史的スサノオは朝鮮半島の拠点から渡来したことになる。

なお日本書紀のまたの一書では、スサノオはクマナリ（熊成）峯にいたが、後に根の国に入ったとされている。この熊成は熊津であることが明らかにされており、熊津は辰王が都を置いた月支国であり、また沸流百済が都を置いた所でもある。このことはスサノオ信仰の担い手が辰王や沸流百済の集団であったことを示唆するものである。さらにその移動は南海から朝鮮半島への渡来の可能性を持つものであった。したがって歴史的スサノオ集団は沖縄から九州を経て朝鮮半島に渡り、その一部はまた日本列島に進出したのであろう。

記紀においてはスサノオは号泣をしたり、様々な乱暴を働く悪役のように描かれており、海中あるいは地底を支配するように命じられている。このようにスサノオが記紀において排除すべき対象として取り扱われているということは、とりもなおさずスサノオが先住支配権力を代表するようなものとしてヤマト王権にとって重大な意味を持っていると受け止められていたからにほかならない。しかしスサノオは敗者の代表として扱われているものの、そうした中でも英雄的なところや人間的なところがしばしば露呈されており、記紀の作者もそうした面を全く否定することはできていない。かくして日本列島では天孫族が支配権を固めるようになっても、現に出雲や紀伊の熊野大社に鎮座し、武蔵国一宮の氷川神社や博多の総鎮守の櫛田神社に祭られ、牛頭天王としては疫病神となって八坂神社で王都を脅かしているのである。

ところで大和に対する敗者である出雲は支配権を放棄する代わりに、祭祀権は維持するという何らかの妥協がなされたと推測される。記紀の伝承ではこの世の政治的支配権を譲る代わりに、出雲は冥界つまり死者に対する祭儀を司る権利を保有し、大国主命の住む大きな神社を建てることが約束されたとされる。意宇氏が国造就任の際に出雲臣という姓を与えられた理由は不明であるが、出雲国造は出雲大社の宮司を兼ねることになる。こうした取引がなされたことに関しては、出雲の濃厚な神話や神々の存在に出雲が自負を持っていたことが背景にあり、十月には全国の神々が出雲に集まるという慣習などは、出雲が宗教界の総元締めであることを誇示するものであろう。

出雲国造とヤマト王権の政治的—宗教的関係を端的に表しているのは、出雲の国造が出雲の国内の神社の皇神を率いて、ヤマト王権に祝賀を述べる『出雲国造神賀詞』と言われる祝詞である。これは出雲の国造が新たに就任した際に、一年間の斎戒を経たうえで王都に上ってなすものであり、その時はすべての官吏は休業になるという大仰な行事である。こうした宣誓は出雲の国造にだけ課せられたものであり、奈良時代から平安中期まで続けられたようであるが、いずれにしてもヤマト王権が出雲の服従をいかに重要視しているかを示すものである。出雲では政治的文書にも文学的粉飾がなされるようであり、この曖昧模糊とした賀詞は次のように始められている（『古事記　祝詞』日本古典文学大系）。

八十日日はあれども、今日の生日の足日に、出雲の国の国の造姓名、恐れみ恐れみも申したまはく、「挂けまくも恐れき明つ御神と、大八島国知ろしめす天皇命の大御世を、手長の大御世と斎ふとして、出雲の国の青垣山の内に、下つ石ねに宮柱太知りたて、高天の原に千木高知ります、いざなきの日まな子、かぶろき熊野の大神、くしみけのの命、国作りましし大なもちの命二柱の神を始めて、百八十六社に坐す皇神達を、某甲が弱肩に太襷取り挂けて、いつ幣の緒結び、天のみかび冠りて、いずも真屋に麁（あら）草をいづの席と苅り敷きて、いつへ黒益し、天の甕に斎み籠りて、しづ宮に忌ひ静め仕へまつりて、朝日の豊栄登りに、斎ひの返事の神賀の吉詞、奏したまはく」と奏す。

この賀詞で注目される一つは天に日本列島を支配させようとした際に派遣した「天穂日命」を出雲国造の祖先であるとしていることである。この命は、豊葦原の水穂の国は五月蝿なす荒ぶる国であるが、平穏に支配することができようとし、自分の子である夷鳥命に布都怒志命を添えて天下りして、荒ぶる神等を平定し、大穴持大神をも媚び静めて大八島国の「現事」・「顕事」を支配させたとされている。この文言は記紀が天穂日命は大国主に媚びへつらって三年間復命せず、経津主命を派遣して決着したとしている不名誉な記述と全く違うものである。のみならず出雲臣の祖である夷鳥命は天穂日命の子であるとされて、あたかも出雲臣が天穂日命の子孫であって出雲を支配することに任じられたような記述をしている。出雲国造家は東出雲に根拠を置く地方豪族であり、高天原から使者として派遣された天穂日命とは何の関係もなかったはずなのである。敗者の出雲臣は生き残りのための深慮遠謀に欠けておらず、出雲臣も天皇家と同様に系譜を捏造あるいは創作しているわけである。

そうして神賀詞は大穴持命は自分の和魂を八咫の鏡に取り付け倭の「大物主櫛𤭖玉命」として三輪の山に坐させ、子の「阿遅須伎高孫根命」を葛城の高鴨社に坐させ、事代主の命の御霊を「宇奈提」に坐させ、「賀夜奈流美命」の御霊を飛鳥の神奈備山に坐させ、皇孫の守り神として貢納し、自らは出雲大社に鎮まったと述べている。「宇奈提」は不確かであるが現橿原市にあり、「賀夜奈流美命」は不明であるが飛鳥神社の祭神であろう。要するにこれらの神々は出雲系の神とされ、藤原京を取り巻く形でヤマト王権を守護することが誓われているのである。

述べられている高鴨社は鴨氏の発祥の地であり、その祭神は祖先神の賀茂大御神であったはずであろう。鳥越憲三郎は鴨神社の神戸が出雲に設けられたために祭神の阿遅須伎高孫根命が大国主の子とされたと解釈しているが、農業の鋤を一族の主神にすることは理解しがたいことであり、この神は『出雲国風土記』にも出ている出雲の神であったと考えた方がよいであろう。おそらく出雲が大和に服属するに際して賀茂大神を阿遅須伎高孫根命と同一化するということがなされたのであろう。出雲が大和に服属するに際して高鴨神社の祭神は出雲系のものに転換されているのである。

記紀では国譲りをさせたとされる事代主神は大国主の子とされているが、これは風土記には存在しない。事代主は出雲の神ではなく、神の意を伝える大和の託宣神である。神武の后は事代主の長女、綏靖の后はその妹、安寧の后は事代主の孫であるとされるように、天孫族と関係づけられるようになった事代主を出雲もそのまま追認することになったのであろう。政治的変動に伴って神社やその祭神も変動がもたらされている。

いずれにしてもヤマト王権への出雲の服属は最終的には出雲の神々のヤマト王権への奉仕という形で完了している。政治的敗者の祭祀権の問題は神に富む出雲の場合は服従者の神が支配者を守護するという変則的なものとなっているのである。しかし出雲臣は反ヤマト的なスタンスは敢えて取ろうとはせず、むしろヤマト王権にすり寄る姿勢を見せている。その間には自己保身の要素を否定しえず、天神を要領よく祖先神とすることになっている。もっとも祭祀権の独立を主張しつつも、政治的独立性を失うということは、宗教的な内実を危うくしかねないものを内在させている。その子供じみた行事の多い祭祀的内実は、やがては縁結びの神へと卑俗化することにもなるのである。敗者の顔は勝者の顔によって刻印されている。

場所は飛ぶが熊野大社は出雲だけでなく紀伊にも熊野本宮大社がある。これには一方から他方に移動したというよりは、おそらくは同系統の集団が入植したものであろう。熊野本宮大社の主神は家都美御子大神つまり保食神とされたが、やはりスサノオを祭るようになる。そうしてここではアマテラスは「若宮」とされているのであって、出雲族と天孫族の関係は逆になっている。

さらに武蔵国一宮氷川神社は祭神をスサノオとしているが、この地の地主神は荒脛巾神つまりアラハバキ神であったと考えられる。この神はおそらく西アジアに由来する鍛冶神であった可能性がある。しかしその後は氷川神社の客門人神として摂社におさまっている。「武蔵州足立郡大宮氷川太明神縁起之書」によると、神社の前には火王子イカヅチと荒脛巾の両社があり、イザナキがイカヅチを切った時に化成したのが荒脛巾であり、それが櫛岩窓と豊岩窓の二神であるとされている。ところがこの神は今ではスサノオの宮の首長である足摩乳命と手摩乳神つまり建御名方神の子である足長神と手長神とされるようになっている。こうして荒脛巾は不可解な神へと大きく変容している。このように祭神には理解しがたい変化が見られるのであるが、先住神のたたりを恐れ、先住支配集団の神を完全には撲滅しないことは日本の神社の特徴である。

国史時代になって武蔵国総社の大国魂神社が生まれている。これは一般化された地主神であるが、大国主と同じであるとされている。武蔵国造は出雲国造と同族であるとされており、武蔵野を開発したのは出雲系であったことを示唆するものであろう。

また岩木山神社の祭神である顕国魂神は大己貴神であるとされ、岩手山神社の祭神は大名牟遅命、太平山三吉神社の祭神は大己貴神であり、鳥海山大物忌神社の祭神である大物忌神は謎めいているもののスサノオの子ウケモチノカミであるともされる。これらはいずれも出雲系の神であり、ヤマト王権への服従にともなって出雲集団の一部は関東や東北に移動したことが推測される。

二　大和の神々

『出雲国造神賀詞』では三輪山の大物主神は大己貴神の和魂であるとされているが、もとは別のものと見られる。三輪山は大和の神奈火山であり、古来からの磐座信仰があったであろう。しかしそれを信仰していたのは多くは海人族の先住民であったと考えられ、後にこの山の神霊が海人族の要素を持つ出雲の神霊と同一化されることになったとしても不思議ではない。日本書紀の一書では三輪山の大物主神は海の彼方から光り輝いて到着した大己貴神の和魂とされているが、おそらく海蛇をイメージしたものであろう。出雲において神体は海から流れ着く蛇であるとされており、三輪山の神も蛇体である。ともに先をたどれば龍蛇信仰の海人族性を示すものである。そうして大己貴神も大物主神も意味としては大いなる神霊ということであり、ほとんど同じである。

三輪山の神と出雲の神が同一化される背景には両者の人的関連もあるようである。現に出雲系は京都北部に出雲路、初瀬谷に出雲という地名があるように京都を経て大和に進出している。出雲氏と三輪の大神氏との連関を示す系図も存在する。出雲氏系図と大神氏系図を見ると大神君の祖となった飯勝命は出雲氏の津狡の娘、沙麻奈媛命を妻としている（中田憲信『諸系譜』第一冊「東国諸国造」）。これらのことは出雲族がかなり早くから大和に進出していたことを物語るものであろう。

そこへ鳥信仰を持つアメ氏天皇家が侵攻してくることになる。この天孫族は大和を支配するとともに、三輪山でも祭祀をしようとしているが、それは必ずしも円滑にいっていない。崇神紀において国が治まらないのは大物主を祭らないからであり、それは大物主の子とされる大田田根子が祭らなければならないという夢が記されている。三輪山祭祀は先住民の祭人がしなければならないのであり、そうして天皇家はまた自分たちの氏神の神社を求めることになるのである。

三輪山信仰は樹木信仰や磐座信仰を基底とし、水、雷、蛇という信仰の要素を持ち、また金属シャーマニズム的な側面も持つものであり、それは弥生時代に遡るものである（『大神神社史』）。三輪信仰が強大なものになったことには、王権が周辺に誕生したことと絡んで、山麓にあるチタン鉄鉱石が製鉄材料として使用できたことが無視できない。農業は多くの場所でありうるが、そこに権力が発生するのは、ほとんど例外なく製鉄技術を持つ者があったためである。

ところで山中に残されている祭器などの考古学的資料から三輪山祭祀は四世紀以降のこととされている。しかし祭器がないということは必ずしも祭祀がなかったということではないであろう。山麓の祭りごとは十分にありうることである。現に天孫族が侵入する以前につまり三世紀に祭祀が行われていたであろうことは大田田根子の例が示す通りである。大神神社はある程度王権に協力していたようであるが、祭祀は王権祭祀だけではない。しかし三輪山祭祀の担い手である三輪氏は邪馬台国末期には政治的動きもしたものの、以後は神職に自己限定していったようである。
大和における先住民そのものの神社は倭大国魂神を祭る大和神社と見られる。この神は崇神時代に宮殿から外に出され、大和国造に任じられた倭氏が奉斎している。本殿の中央には倭大国魂神、右には八千矛神、左には御年神が祭られているが、神社の説明では中央にあるのは珍彦つまり倭氏の祖先神である。倭氏の祖先神は倭大国魂神という曖昧な神名になり、恨めしそうに竜王山系を仰ぎ見ている。

大和国中には代表的な氏族として多氏がある。多神社は奈良時代において大和盆地における圧倒的な収税量を示しており、大和盆地の大地主であったことを窺わせる。多氏は神武の長男で皇位を断念した神八井耳命の後裔であるとしているが、これは疑わしい。神武の実在性はともかくとして、こうしたきれいごとはにわかに信じがたいことである。この説話は、弥生時代から大和にいた多氏の先祖が、大和に入った天孫族に統治権を譲り、三輪山祭祀のみを行うことになったことを表していると見た方がよいであろう。大和においてもミニ国譲りがあったようである。

多氏はもとは九州の出自と考えられ、後に大和に入った先住の海人族であったと見られる。であればこそ太田亮も多氏の先は邪馬台国の卑弥呼であるとしているのである（『姓氏家系辞書』）。多氏の祖は神八井耳命つまり彌志理都比古ではなく、実は多神社注進状が祭神としている珍子賢津日霊《うつのみこさかつひこ》神尊であろう。これは注進状の裏書きでは宇豆御子と同体異名とされており氏、大倭氏とも共通するものであり、この三者は広い意味で海人族の同族と見られる。（『大和志料』下巻）、神武を先導したことにされている珍彦尊のことである。珍彦は海部（尾張）

多神社注進状ではその地の春日県主の遠祖は鴨王であるとされており、多氏と鴨氏とが関連づけられている。また姓氏録には大田田根子の子孫に賀茂君の姓を与えたという記事があり、三輪氏とも同族化されている。鴨氏と三輪氏は出自は異なっているが、海人族という点で国神としての共通性があるためであろう。鴨氏はいわゆる神武の大和侵攻に際して八咫烏として協力したとされているが、これは後の付会であろう。鴨の語は東族語の日孫（カモ）に由来している可能性があり、鴨氏はムス氏の後裔である可能性がある。この集団は当初は高皇産霊神を高良山に祭っていたが、物部氏に追われて葛城に移住したと予想される。

その後鴨氏の主流は山代の葛野に移住している。葛城における鴨氏の高鴨神社の祭神は出雲の大和服属に伴って大己貴神の子とされる味鉏高彦根とされているが、その祭神は迦毛之大御神とも呼ばれるように、本来は鴨氏の祖先神建角身命を祭ったものであろう。

一方、山代に移った賀茂氏は土地支配と祭神との複雑な関係を見せている。この地には日子坐王の子孫の賀茂県主や出雲族の先住民がいたようであり、賀茂氏の神社はそれ以前の居住者である出雲族などの祭祀を継承したという説がある。上賀茂神社つまり賀茂別雷神社は先住民の雷神を継承したようであるが、祭神は建角身命の孫で玉依姫命の子である別雷神とされている。その信仰は丹塗矢による川端懐妊や竜神信仰と融合している。さらに賀茂氏は別雷神の親を祭る神社として下鴨神社つまり賀茂御祖神社を設け、その祭神は玉依姫命と建角身命としている。

その間に先住の出雲族が祭っていた式内社の出雲高野神社は行方不明になり、後に御霊神社である崇道神社に摂社として祭られている。さらに高野川上流には和邇氏系の小野氏の御蔭神社があったが、賀茂氏は自らの祖先神が御蔭神社に天下りし、そこから下賀茂に移ったとし、下鴨神社に摂社天御蔭神社が置かれている。賀茂氏は小野氏から土地とその神を接収しているのである。しかしさらに賀茂氏は葛野に進出してきた秦氏からは圧迫を受けることになり、下鴨神社の創立には秦氏の関与があったとされている。賀茂氏は大和では天孫族に圧迫されたが、山代では先住氏族を圧迫し、また有力氏族に圧迫されるようになる。賀茂氏は後には皇居の宮殿に主殿として勤務したが、皇室の方でも賀茂氏の祭礼の影響力を恐れて皇室に関連させている。山代北部でも地域支配権と祭神の変動が密接に連動しているのである。

ところで『先代旧事本紀』では天照国照彦天火明櫛魂つまりニギハヤヒが天下りする際に天香語山命、天牟良雲命や天御蔭命など三十二人を供奉させたとしているが、そこには葛野鴨県主の祖である天神魂命や宇佐国造の祖である天三降命などが挙げられており、これらが近い存在であることを示唆している。注目されるのは下鴨神社の御蔭祭は丹後の籠神社の祭りと同じであり、第一部で触れたように日神の名代として「天御蔭命」と書かれている。このことは天御蔭命が海人系の首長であることを暗示するものであるが、賀茂氏においても高皇産霊神が御蔭宮と呼ばれ、それは日神の名代であったとされている。このことは暗にこの地の首長は天孫族ではなく彼らであることを語っている。また社伝によると賀茂氏の最高神は高皇産霊神であり、このことは賀茂神社と籠神社が宗教的な基盤を共通にし、何らかの形で高皇産霊神につながることを示している。葛城の最も高いところにある高天彦神社の祭神は高皇産霊神であり、鴨氏の古層を示していよう。天皇氏はこの海人族の神を自分たちの祖先神に仕立て上げているのであるから、信仰上は緊張関係にあったはずである。であればこそ賀茂氏には国史上の秘事があることになり、「国史に顕露には載せ出し給はさるもの」とされたのである（「泉家玄櫛」）。

これらの海人族諸氏族の神祭りは農耕に関係する太陽観測を重要な機能としていたようである。多神社も三輪山への太陽祭祀を行い太陽観測の痕跡を残している。海人族も土着して農耕民となっており、太陽観測は農耕にとって根本的に重要な季節を知ることである。それは特に立春などの日を知ることと日の出の位置を確認し、穀霊を育てる朝日を尊崇することを眼目とするものであった。こうした「日読み」は弥生時代の祭りごとであったと見られる。

尾張氏系の鏡作天照御魂神社も太陽祭祀をしている。ここの御田植祭は立春に天照御魂神を招き穀霊の誕生を促すものであったであろう。この神社の主祭神は天照国照彦火明命であるが、この天照（アマテル）神はアマテラスではなく海人族の太陽神である。彼らの太陽祭祀も「日知り」を主要な機能としている。ところで「日知り」は田植祭とともに弥生時代の祭りごとの中心であり、その象徴が銅鐸であったと考えられるが、ヤマト王権の成立とともに「日知り」

の権利は天皇氏に集中していくこととなり、その象徴は鏡になっていく。この祭祀の変容は政治的支配権の変容と連動するものであり、先住諸氏族も天皇氏に協力するものになる。それとともに海人族の「天照」の「御魂」の神であったものがアマテラスとして祭られるという帰結を生むことになる（大和岩雄）。この移動に伴って、かつては豊饒祭的な性格を持っていた日知りの祭りごとは宮中の季節祭的なものに変容することになるのである。皇室の新嘗祭においては生産者の祭りは消費者の祭りになっている。

大和における他の代表的な氏族には物部氏がある。物部氏は北九州に入植した後、主勢力を大和に移したようである。ヤマトではまず矢田丘陵の麓に矢田坐久志玉比古神社を営み、当時は盆地最大の勢力を持っていたが、後に東の石上でヤマト王権の武器庫の管理者の機能をしている。物部氏の系譜も天孫族と同様につぎはぎ細工のものであるが、祖先神ニギハヤヒに続くとされている宇摩志摩遅は魏志東夷伝では三世紀の半ばに内政混乱の中で死んだことになっている北扶余王家の麻余であった可能性があり、依羅と同様に日本列島に亡命したことはありうることである。そうして天武の時代に石上には石上神宮が設けられることになる。

石上神宮の神体は熊野神邑の高倉下が保持していた布都御魂とされている。布都御魂は国文学者が解釈するように、刀を切る擬音に由来するというような子供だましのものではありえないであろう。おそらく出雲制圧の伝承における経津主（フツヌシ）神の刀が、熊野制圧の説話の高倉下の刀に転じ、そうして高倉下が物部系であることによって、物部氏が管理するようになった石上神宮の祭神になったのであろう。しかし布都御魂はスサノオの剣に遡るとされており、スサノオ信仰の担い手から考えてフツは北朝鮮の沸流に由来するものであろう。布都は語源的には朝鮮語の火あるいは光明を意味するプル（pur）から来ている（三品彰英）可能性がある。また石上神宮が面している布留川も沸流から来ているものであろう。この神社の起源が沸流系であった可能性がある崇神によるものとされているのは偶然ではない。

ところで石上神宮の剣の祭祀の中核は魂鎮めと再生の儀礼であり、それは呪能を持つ霊剣によるタマフリという大陸系の祭祀である。この神事は神霊を迎える迎神儀礼であり、祓攘儀礼であるとともに生命の更新と寿命の長久を記念するものであった。ニギハヤヒに与えられた天璽瑞寶十種を振るうならば痛むところも癒され、死人も生き返るであろうとされている。しかし石上神宮には古層があったことは注目されることである。

松前健によるとニギハヤヒを祖とする物部大連とは異なる物部首氏は川原の霊石に結びついた神剣出現の儀式を持っている。これは巫女が布留川で神剣と比礼を持って神剣を迎えるものである。つまり物部氏の祭祀は川辺の祭祀を伴っていたのと同じである。「布留神宮記」によると、布留御魂と布都の靈は転語であって同義であり、布留とは布に留まることであるとされている。語義はにわかに信じがたいことであるが、石上神宮の古層は高良大社と同じような河原の祭祀の要素も持つものであった。

ところで物部氏は天皇家に対する立場としては尾張氏と似た立場にあり、この両者が接近することによって祖先神のニギハヤヒと火明命の同一化がなされることになっている。政治的な状況から祖先神の変動がもたらされているのである。もっともニギハヤヒも光り輝く太陽神であり、その点では火明命と共通の基盤があったとも言える。物部氏と同様に尾張（海部）氏の出自も不透明であるが、火明命を祖先神にすることからすると阿多隼人よりさらに南方のインドに由来していることが予想される。天孫族の大和侵入以前の伝承を漠然と伝えている『秀真伝』ではニギハヤヒと同一化されるようになった火明命が大和を開発したことが述べられている。つまり天皇氏が大和に侵入する以前はおそらくインドの要素を持つ物部あるいは尾張系の支配者がいたと推測される。このために大和の王権はニギハヤヒ＝火明命の存在とその伝承にヴェールを掛けようとしたのであろう。

天孫族によってヤマト王権が確保されるようになると、海部氏が豊受大神を奉じて丹後に移動する一方、尾張氏は中部地方に移動する。その氏神は火明命を祭る真清田神社であるが、国造となった尾張氏は熱田神宮を奉祭するようになる。熱田神宮は本来は熱田大神という地主神を祭るものであったが、アマテラス、スサノオ、ヤマトタケルという有力神を持つようになり、伊勢神宮ののど元を押さえる位置にもあり、また尾張氏という有力な氏族をバックにすることによって伊勢神宮に次ぐ有力神社になる。しかしそうしたオールスター的な神社は政治的に折衷した習合神社であるとも言える。

こうしてみると天皇制国家の形成とともに先住諸勢力は物部氏のように天皇家と密接な関係

を維持したところでもその関係は屈折し、信仰はニギハヤヒをぼかすことを強いられ、独自の信仰を持つ尾張氏は東海に、海部氏は丹後へといわば都落ちして移住し、天皇家にかなり協力的であった賀茂氏も主要部は山代に移り、その信仰のあり方を変容させている。ヤマトに残留した多氏は天皇家にすり寄り、倭氏の大和神社の祭神は大和大国魂神という曖昧な名称に韜晦している。このように天皇制国家の形成は諸氏族の信仰形態に影響を与え、その変動と連動していたのである。

三　諏訪

ヤマト王権と付かず離れずの関係を持っていた集団とは異なり征服者側の祭りごとに参加しないまつろわぬ者がある。これは土蜘蛛と呼ばれ、神武紀では和珥の「居勢祝」や長柄の「猪祝」などが挙げられている。この「祝」（はふり）は元来はシャーマンであり、金属製造の異属の首長のことであったが、後には神職の意にも転じる。天皇家はこうしたまつろわぬ首長を制圧するとともに、その祭祀権を接収することになる。

まつろわぬ神の代表的なものの一つは香々背男神であって、ヤマト王権から怪光を発する怪異な存在にされているが、不従順という理由でアマテラスによって誅殺されている。高句麗系あるいは物部系に由来する可能性があるこの神は星の神とされ、東国における星信仰の存在を示すものであるが、今では茨城県などに辛うじて存在するだけである。アマテラスが日神であり、月読神が月神であるとすれば、スサノオはさしずめ星神であろうが、星信仰は抑圧されている。星信仰が不透明になっている例は住吉大社に見ることができる。海上保護神である住吉三神の底箇男、中箇男、上箇男のツツはおそらく星であり、オリオンの三つ子星に由来しているのであろうが、海人の星信仰に由来していることは判然としなくなっている。

諏訪神社は出雲系の要素を持つとともに、まつろわぬ者の一面を持っている。それはこの神社がいわゆる国譲りに反対して建御雷命に敗北したという建御名方命を祭神にしているからである。もともとミシャグチ信仰を背景とする諏訪神社は起源的には守屋山を神体とし、洩矢神を信奉する洩矢氏の氏神であったようである。そこへ大国主の子とされる建御名方神が祭神として加わり、出雲系ないし海人系の要素を持つようになる。

しかし『出雲国風土記』には建御名方は登場しておらず、その由来には不確かなところもある。古事記では建御名方は大国主と越の沼河姫の間の子とされているが、風土記では大穴持と沼河姫の間に御穂須須美命が生まれているから、建御名方と混同された可能性もないわけではない。御穂須須美命は牛馬の守り神であり、北陸から諏訪に入ったという伝承があるが、諏訪に海人族が進出することは不思議ではない。まさしく安曇族は、おそらく千曲川を遡上し、安曇野を開き穂高神社を設け、上高地の明神池には奥社も作っている。海人族の行動範囲はきわめて広いわけである。

出雲と諏訪の間には伊勢が媒介として存在する。『伊勢国風土記』逸文には伊勢津彦は出雲建子命、またの名は櫛玉命であり、渡会氏の先祖が神武に従って伊勢津彦を征伐したという記事がある。系図上では大国主の子孫とされる伊佐我が伊勢津彦とされており（『諸系譜』「東国諸国造」）、出雲系は伊勢にも進出していたのである。のみならずこの逸文には伊勢津彦が信濃に住んだという記事があり、諏訪にはかっては美和郷などの出雲―大和ラインの地名が存在していた。伊勢津彦の動向が建御名方のモデルとなり、諏訪大神になった可能性はあるであろう。「守矢氏系譜」では建御名方の孫が養子となり、大祝の祖となったということになっているが、諏訪大神としての建御名方の説話は伊那方面から侵攻してきた金刺氏が導入したものと見られる。もっともこの抗争に関しては、洩矢方は鉄輪でもって、侵入者は藤の枝で争ったという伝承があり、これは武力闘争としては奇妙なものである。これは洩矢方が褐鉄鉱から鉄を採取していたのに対して、侵入者側は砂鉄流しに藤蔓から作られたザルを使っていたということであろう（真弓常忠）。そうしてこの説話は古い製鉄法の洩矢側が建御名方と言われる出雲系の新しい製鉄法を持つ勢力に敗北したということを語っているのであろう。

諏訪への進入者であると考えられる金刺氏は多氏の系統にある阿蘇国造家の分岐であり、海人族であったことになる。金刺氏の科野国造は一時途絶えていたが、欽明朝に舎人となり、伊那方面で馬飼いで勢力を築き、新たに科野国造となり諏訪に進出している。「神氏系図」では用明朝に科野国造の次男である乙頴の八歳の時に御名方神が仮現し、儀式を施して大神大祝とし、神格化させて祭神としている。諏訪大神は八幡大神のように啓示されているのである。

ところで乙頴大祝の兄の倉足という者が国造制廃止後に諏訪評督になり、それが政治面を担当することになる。こうして諏訪では現人神となった大祝と政治的支配を担う金刺氏が一体となった祭政体制という政教一致的な体制が生まれる。このかなり原始的なあり方は中世にいたるまで仏教の進出を阻むという独自性を見せている。そうして諏訪大神の大祝は神氏と称し、これが上社の大祝になる一方、金刺氏も祖先神を祭る下社を立て、ここにも大祝が生まれている。金刺氏に支配権を奪われた洩矢氏は守矢氏と名乗り、神職の長である神長になるとともにミシャグチ神を継承している。

さらに物部守屋の伝承がある。つまり守屋の次男の武麿が守矢神長家の養子となり、守屋山は物部守屋にちなむものと言われる。しかしかなり遅い時期において山名がこうした人物から取られるということはにわかに信じがたいことである。それに比べれば守屋山はエルサレムのモリヤの丘にちなんでいるという説の方により興味深いものがある。紀元前の伊勢地方にユダヤの難民が居住していたことはかなり確かなことであり、このユダヤ人たちはヤマト王権によって追い払われ、東方に移動したとされているが、一部は青森の戸来にまで行った可能性がある。そうして伊勢津彦が守屋山の風の神になったという伝承は、同様に伊勢から東に移動したとされるユダヤ人と二重写しになった可能性もないとは言えない。

清川理一郎はミシャグチを信奉する在地勢力をユダヤ人が攻略し、彼らが洩矢氏となり、守屋山はエルサレムの丘にちなんだものとする。彼によるとユダヤ人にはサマリア系とイサク系があり、エジプトの太陽神や女神の信仰を持つ偶像崇拝的なサマリア系の人々は洩矢神を信奉し、後からやってきた一神教のイサク系の人々は守矢神を信奉して既存信仰と融合したとする。面白い説であるが、二つの流れが諏訪に来た論証は存在せず、イサクがミシャグチに転じたというのは空想的でもある。

諏訪神社は原始的な精霊信仰を基底に置き、風の神であるとか武神であるとか様々な要素を持っている。風の神ということは風を封じるということであり、そこには巨木信仰や鎌への信仰が伴っている。巨木信仰は御柱祭において知られるところである。羽咋の諏訪神社である鎌の宮には典型的な神木信仰が残されており、諏訪神社の信仰の要素のある部分は北陸から伝えられた可能性がある。また諏訪神は蛇体であるという伝承も存在する。これは脱皮する蛇の生命への信仰であり、出雲族にも共通するものである。またそこには馬への信仰の要素があるが、これは信州が日本有数の馬飼いの地域となったことと関わりがあるであろう。またここには製鉄神の本宮的な要素もある。さらに武神、英雄神としての建御名方の伝承がある。

こうした信仰の要素をさかのぼると、インド・アーリア的な源泉が浮かび上がってくる。巨木信仰や聖木信仰は中でもケルト人的な要素であり、天候神や英雄神の要素は特に雷神インドラ神を想起させるものである。武雄神インドラは牛を与えるとされるが、それはまた月信仰に関係している。インドの武人階級のクシャトリアは月信仰を持っていたが、武人としての建御名方はシスナーガという語から来ているという説もある。無論インド的背景との間には違いも存在する。たとえばヒンズー教では龍蛇は悪神であるが、諏訪だけでなく日本では竜神は水を恵む善神である。このように諏訪信仰にはユーラシア大の信仰の要素が収斂しているところがあるが、それは必ずしも直接的な影響ではなく、間接的な伝播によるところが大きいであろう。そうして諏訪神社にきわめて多くの古代的な信仰の要素が保存されているのは、吹き溜まりの日本列島においてこの地域がまさしく山間の吹き溜まりであったからであろう。

ところでこの諏訪神社は建御名方や物部守屋さらにはユダヤ人のように迫害された者、敗北者のアジールのようなところがある。端的に建御名方に窺われるように、ここには反ヤマト王権的な要素も予想される。しかし諏訪神社にはことさらに反王権的な主張は見られず、ヤマト王権に近い金刺氏が地方支配の一環として入諏し、ヤマト王権との結びつきも強まることになる。それを端的に示すのは諏訪神社の神階が著しく上昇することであり、平安時代には正一位になる。だがこのことは諏訪だけに限らず古代日本における国家と神社の関係ひいては宗教のあり方を象徴的に示すものである。国家が神階を授けるということはこの国家が宗教に優位するこの体制の基本特性を表現するものである。

もともと日本列島における神社は自然信仰的なものであり、それはやがて祖先神の加護を求める氏神信仰の性格も持つようになったが、天皇制国家の登場とともに多かれ少なかれそれと連関するようになる。その連関をよく示しているのは日吉大社であろう。ここはもともとは大山咋神を信奉して麓の人々の安寧を祈るものであったが、近江京ができてから大物主神を合わせて祭神とすることになっている。そうして前者は東本殿とされ、後者の方は西本殿として二つの本殿が並立している。にもかかわらず大物主の西本殿は大宮とされ、東本殿は二宮とされている。しかしそうした中で在来の神々を全く撲滅することはせず、変容させながら何らかの形で保存するのがこの国の神社のあり方なのである。

Ⅲ　天神《あまつかみ》と伊勢神宮

一　高皇産霊神とアマテラス

天神とは高天原にいる神であって、天皇家はその子孫であるとされている。それはアマテラスが日本列島は自分の子孫が支配すべきであると詔勅を出し、ニニギを天下りさせたことに由来しているが、無論それは当事者以外には有効ではないものである。天孫降臨に関しては高皇産霊神も指令しているところがあり、主にこの二柱が皇祖神の位置にある。

しかし皇祖に関しては、まず祖先神が一義的でないという特徴がある。古事記や日本書紀では神統が掲げられているが、これは羅列的継起であって初期のものには連続性も窺えない。しかもその多くのものは実は日本列島に渡来した集団あるいはその首長を指し示すものと考えられるものであって、神統上の祖先でもない。王統と同様に天皇家の神統は一系ではないのである。

皇祖先的な位置にある高皇産霊神は通常は北方のツングースに由来する生成の神のように解されているが、それはおそらく失当である。その信仰の分布状況から見ても、高皇産霊神は主としては南方系の神であって、おそらく百越のムス氏に由来すると見られる。ムス氏は北九州の初期の支配者の一つであり、東族古伝も示唆するように、朝鮮半島にも進出したと考えられる。そうしてこの流れは北方ツングースとも融合することになり、扶余ないし高句麗系の首長が形成される。高句麗の始祖王朱蒙（スム）はムス氏の反転と見られる。

仮説的に言えば高皇産霊神は北方系の高木神と南方系のムス神が融合して生まれた神格である可能性が大きい。無論そうした高皇産霊神が後に生成の神と解釈されるようになることはありうることである。朱蒙の高句麗が日本列島の東北部を支配していたということは先住氏族の記録としての『秀真伝』において高皇産霊神が東北にいたとされていることに茫漠とした記憶として残っている。しかしいずれにせよ天皇家が高皇産霊神を皇祖神の一つとすることによって高句麗の始祖王朱蒙を祖先神化としているのはもっともなことである。

次いで祖先神とされているアマテラスは最初からあった神格ではなく、東族古伝の日祖アノウシフクカルメを原型にする巫女王的な太陽母神オホヒルメのかすかな伝承と海人族が信奉していた男神の天照（アマテル）神を合成した人工的神格である。そうして出来たアマテラスをイザナキ、イザナミの次の世代に位置づけて皇祖神としたわけである。

オホヒルメ型の太陽信仰を先駆的に示しているのは伊都国の平原遺跡の王墓である。この王墓は四六・五センチの列島最大の内行花文鏡五枚を含む膨大な数の鏡を納めているが、鏡の銘は道教的であり、細形銅剣を欠いているところから天孫族のものではない可能性もないわけではない。しかしその石棺の西側と東側には直線的に柱の跡が並んでおり、その線の先は意図的に東の日向峠に向けられている。つまりこの墓は東から来る朝日を拝するものとなっている。副葬品の内容からいって女王墓と見なされるものである。原田大六は日向峠からの朝日が女神の股間に射しこむように葬られていたと伝えている。これが太陽によって死者をよみがえらせようとするものなのか、一種の日光感精信仰を示すものであるかどうかは明らかでない。しかしともかくこの王墓は明確に太陽信仰を示しており、似たようなことは大和の纒向遺跡の石塚古墳にも見ることができる。平原の王墓は卑弥呼の直前のものであり、卑弥呼的勢力による途絶を予想させるとともに、アマテラス的な女王の方向を指し示している。

しかし創出されたアマテラスには太陽の衰退と再生をシンボライズすると見られる岩戸神話以外には太陽神としての特性は多くない。アマテラスの特性はむしろ天の語に現れている。天信仰はアルタイ語系に広く見られるものであり、そこから支配者の天下り、また穀霊の降下思想が伴うことになる。そこから高天原や天孫降臨の説話が生まれ天帝の子、日の御子、鳥の奇跡が強調される（三品彰英）。

他面アマテラスには海人族の天照神がモンタージュされている。火明命は天照国照と称されているが、数多い海人族の天照御魂神はアマテラスではない。太陽神信仰が海人系にあることは、太陽の出没が舟に運ばれる象形として表現される場合にも見ることができる。そうして海人族も土着する場合には天下りという仮構を使うことになる。天孫族の天が海人族にもつながることは、天がアメであるとともにアマとも読まれることに言語的にも示される。

こうして天孫族は海人族の天照信仰を皇祖神としてのアマテラスに換骨奪胎し自家のものにする。そうしてアマテラスが太陽神を代表するものになることによってかつての火明命や天照御魂神を祭っていた神社の多くはアマテラスを祭るようになるのである（松前健）。それは祭儀においても現れており、高句麗の朱蒙伝説においてすでに朱蒙が天界とともに水界の呪術的支配者であったが、大嘗祭が海辺の八十島祭に連動していたことは天皇家の祭祀が海人族の要素を摂取していた一例である（岡田精司「天皇家始祖神話の研究」『日本書紀研究』第二冊）。海人系に北方系の天の祭祀が接ぎ木されたと見られ（岡田精司）、それは三世紀より以後のこととされている（直木孝次郎）。

アマテラスと高皇産霊神のどちらが天孫降臨の指令神であるかという議論があった。しかしこれは天孫降臨というものを大真面目に受け取った架空の問題である。天孫降臨が神話にすぎないことは言うまでもないからである。さらに代表的な神を最高神と呼ぶことはあまり適切ではない。最高神というものは本来一神教的な概念であり、日本の神話には最高神と言えるものはなく、八百万の神は原則的には並列関係にある。また高皇産霊神とアマテラスをもって建国神話の二元構造と言うのも適切とは言い難い。高皇産霊神もアマテラスも「元」と言われるような原理性を持っているのではなく、単に皇祖神の二要素にすぎないからである。さらに日本神話自体の二元構造と言われることがある。溝口睦子はムスヒ系とイザナキ系の二元構造を指摘しているのであるが、これも単に二要素とされてよいものである。

ともあれこうして皇祖神が提示されているのであるが、皇室が万世一系を強調するにもかかわらず皇祖神の前後には血統原理は希薄である。それらの神々は列島を支配した氏族を神化して並べたものであり、日本書紀では、次に「神有す」と書かれている。言うまでもなく独神としての高皇産霊神はイザナキ、イザナミとつながっていない。アマテラスやスサノオはイザナキが目などを洗った時に化成している。アマテラスが「我が御子」としているのが正勝吾勝々速日天忍穂耳であるが、これはアマテラスの曲玉を真名井の水にひたし、スサノオがそれを阻み切り、吹き捨てた狭霧の中に出現している。アマテラスは自分の物根つまり種で子が生まれたのであるから、自分の子と主張しているが、これはアマテラスの卵子とスサノオの精子による魚類の産卵のようなものであって、これではその子がどちらの子であるか分からなくなる。アマテラスとスサノオの夫婦化を回避しようとする奇抜な細工であるが、記紀の記述によると意外にもアマテラスとスサノオ両方とも皇祖神になることであろう。

血統原理が出てくるのは天忍穂耳以後のことであり、以下はすべて生殖によっているとされている。この天皇制の生物学主義は支配体制が「自然」を原理としているということであり、ここには人為的選択のようなものは関与していない。自然的であり人為性がないということは、天皇には主体あるいは能力という要素が欠けているということである。あるいは自然を原理としているということは、天皇制には規範的な要素が欠けているという特性があることを意味している。

このようにして天皇は良い悪いということに関係なく存在するだけで意味があるというように神秘化されるが、これは石神信仰に見られるような原始的な素朴性を伴っており、宗教的に見れば意味を持たないものに対する信仰としての物神崇拝（フェティシズム）に属するものである。これよりやや発達したのが物の中に精霊を見るアニミズムであり、ここから血統に憑依される心理機制が生まれる。そうして万世一系が主張されると天皇制が依拠する原理は生物学的血統であることになる。能力（メリット）に依拠しない天皇制の存続は繁殖力に依存することになる。これが万世一系というフィクションの思わぬ帰結である。

皇祖神への信奉は信仰というよりは単に祭祀であるが、その基本性格は大嘗祭に集中的に見ることができる。それは太陽祭祀というよりは穀霊祭祀的な要素が強いものであり、穀霊を身につけていることが天皇霊を継承するということになる。ここで収穫祭は生産者の祭りから統治者が嘗める消費者の祭りになっている。折口信夫によると天皇は祭られたコメを食するだけでなく、ここでは臣民が下から捧げることが祭りごととしての政治であるとしている。それは少なくとも自治活動によって政治を規定した古代ギリシア人の政治観とは対蹠的である。大嘗祭には再生を含意した入湯の過程があり、それは聖婚を予想させるものであるが、それに関して折口は天皇の褌のひもを解く巫女が妃になるとしている（「大嘗祭の本義」）。これは褌を解いたり生殖をしたりすることまでが他人任せになっている天皇制の倒錯した姿を示すものであろう。

天神の系統については歴史の実態に並行して国神の系統についてよりも述べることに乏しい。ここで天神と国神について付言すると、天神とは高天原にいた神々であり、国神とは日本列島にいた神々である。しかしこの区別は必ずしも明確なものではない。例えばイザナキ、イザナミは高天原に生まれたとされるが、この神は濃厚に先住の海人族の性格を帯び、現に日本列島を往来している。このように天孫族と先住民とが交錯するために天神と国神の区別は貫徹しがたくなる。

平安時代初期に撰述された『新撰姓氏録』では古代の姓氏を「神別」「皇別」「諸蕃」と分けたうえで、「神別」についてはさらに「天神」「天孫」「地祇」に細分している。しかし「天孫」は「天神」よりの選抜（田中卓）と言われるように、この分類も厳密なものではない。例えばニギハヤヒは「天神」とされる反面、火明命は天下りした神の子孫として「天孫」に入れられ、ニニギの兄とか子であると位置づけられるようになる。神統譜は王統譜が先住民を組み入れたように、諸氏族の神統を組み入れて成立している。要するに天神とは朝鮮半島からの征服者の祖先神であり、国神は被征服先住民、その多くは海人族の祖先神であり、天神と国神の区別は支配を正当化する差別原理だったと言えよう。

二　伊勢神宮

皇祖神それ自体とされるアマテラスが天孫族にとっても問題を持つものであったことは崇神紀の有名な記事からも窺うことができる。六年条には、アマテラスと倭大国魂を大殿の内に並べて祭っていたが、その「神勢」を畏れて、共住することに「不安」を感じたとされている。これは二神を畏れ憚るということであろうが、そこには人為的に作られたアマテラスを皇祖神にすることへの違和感も含まれるであろう。このために二神を宮殿の外に祭ることにし、アマテラスを笠縫に、倭大国魂を磯堅城に祭ることにしている。倭大国魂は大和の先住民の神であり、それを託された渟名城入姫は髪が落ち痩せて祭ることができなかったとされていることは、先住民の神を祭ることが天孫族の娘に強いストレスを与えるものであったことを示すものであろう。であればこそ倭大国魂は長尾市に祭らせたわけである。大和神社の祭神は社伝では倭大国魂は珍彦とされているが、倭大国魂神とされて先住民の名は消されている。このように天皇家が明確にすることを好まない神名の多くは保食神や国魂神と無難にぼかされることになる。

アマテラスの方は初めに豊鍬入姫に託され、垂仁朝に倭姫に託され、神社を営む場所は宇陀、近江、美濃を巡って伊勢に到達したとされている。ここに神社を立て、これは磯宮、一説には渡遇宮とも言われる。中世の『倭姫命世記』によれば、まず丹後、次いで吉備などに神社の地を求めて巡行したとされている。皇祖神を祭る神社の地を転々として求めるということ自体異様とも言えることであるが、大和から遠く離れた地を求めようとしていることは、石上神社があることのほかに人為的な製作物のアマテラスをできるだけ遠隔地に置きたいという意識も加わっていると見るべきであろう。アマテラスを祭る場として巡回した所は当時のヤマト王権の周縁部あるいは外辺部であったことはヤマト王権がアマテラスを盾として制圧行動をしていたことを窺わせる。

伊勢におけるアマテラスの神社の始まりは五世紀の雄略の時代であるとされるが、雄略紀十八年条に伊勢の朝日郎なるものの討伐のことが述べられており、当時はまだ反大和勢力が存在したのであろう。伊勢の地には太陽神としての天照（アマテル）信仰を抱く磯部氏のような海人族系の豪族が蟠踞していた。伊勢が海人族の地であったことを示す一つの例は内宮の別宮の一つである伊雑宮に見ることができる。この祭神は天照大神御魂とされているが、中世以降は磯部氏の祖先の伊佐波登美命などが挙げられている。伊雑宮はもとは伊佐波美命が建立したという説もあり、境外所管の佐美長神社の祭神はスサノオの子とされる大年神である。さらに伊勢には出雲系の伊勢津彦が大風を起こして東に去ったという伝承もある。伊勢神宮は非天孫族的な環境に置かれていたわけである。

他方でユダヤの失われた部族が伊勢地方に滞在したこともほぼ確実なことである。伊勢神宮の参道の灯篭や伊雑宮にはダビデの六芒星があるが、六芒星とユダヤ教徒の連関が生まれたのは近代になってからのことであるとも言われるから、ユダヤ人の直接的な存在証明にはならない。しかしニニギの道案内をしたとされる伊勢の地主神のサルタヒコの長い鼻と赤い顔という特性はユダヤ人の風貌を髣髴させる。天孫降臨の案内をしたということは天孫族の伊勢侵攻に内通したということであり、サルタヒコが貝に手を挟まれたということは、そのため海人族に攻撃されたということであろう。もっともヤマト王権がユダヤ人の宗教的意識に刺激を受けた可能性もあるとしても、ユダヤ人を特徴づける一神教との関係は二義的である。アマテラス信仰は基本的には多神教であり、この点ではいわゆる神道はユダヤ教とは対蹠的である。

伊勢神宮が神宮としての形を整えられるようになったのは、壬申の乱の戦勝をアマテラスに感謝した天武以後のこととされている。王統意識の高まりとともに皇祖神の存在感も浮上しているわけである。そうしてアマテラスは当初は天照神として男神であったと考えられるが、おそらく持統朝あたりから女神とされるようになったようである。男神としてのアマテラスは祭られる神であったが、女神としてのアマテラスはもとは祭る巫女が昇格したとも見なされるであろう。しかしこのように性転換しているということも、アマテラスがもともと人格神としての実体性が乏しい神であることを示すものである。

アマテラスは皇祖神に作り上げられ、伊勢神宮の内宮に祭られることになったが、伊勢神宮には外宮があり豊受大神が祭られている。それは記紀の説明ではアマテラスが単独で伊勢に鎮座することは不自由であり、食物を奉仕するものとして丹後から招いたものであるとされている。高句麗は食物を倹約していたようであるが、日本列島を支配するようになると旬の山海の珍味を無償で提供されることになり、天皇家は酒池肉林に恵まれることになったわけである。外宮の豊受大神は曖昧に御饌都神つまり食料神であるとされている。しかし単なる食料担当神であるとすれば、豊受大神宮として内宮に匹敵するような神宮を与えられ、伊勢参拝の際には外宮を先にすることが慣例にされていることは理解しがたいことである。

天孫族が先住の海人族に配慮しなければならないのは、言うまでもなくこの地が海人族の地であったからである。伊勢の基底は外宮に在り、それは外宮が籠神社を模した壮麗な建築であるのに対して、内宮が倉庫のような掘っ立て小屋にすぎないことに逆説的に現れている。磯部氏の後身である渡会氏が外宮の禰宜になったことが示すように、海人族の天照信仰は外宮に移されたと見てよいであろう。中世に至って外宮を内宮と同格にしようとする伊勢神道が生まれる背景である。

ところでこの豊受大神は籠神社の伝承も示すように、もともとは九州の豊の国の大神であり、豊の国王を神化したものであろう。そうした海人族の豊の国とは結局は邪馬台国のことになり、豊の国王とは最終的には卑弥呼であり、直接的にはトヨということになるであろう。こうして見ると外宮は海人族の中核であり、天孫族が制圧した邪馬台国の王を祭っているようなものである。そうしてニューフェイスのアマテラスによって豊受大神は客人神になったのである。

こうして伊勢神宮はオホヒルメの伝承に立つとともに、先住の天照神をいわば借用して皇祖神にして祭ったのであるが、所詮アマテラスは事後的に作られた神である。であればこそ天皇は自らは参拝せず、身代わりとして斎王を派遣することになったのであろう。海人族の巫女王の例に従ったと思われる斎王は厳しい斎戒の期間を経て派遣されているが、伊勢神宮においては年数回の祭礼にあってさほど重要でない役割をするにとどまっている。斎王の制度が慣例化したのは自身出自の不明確な継体からであるとされているが、継体としてはアマテラスが自分の祖先神であるなどとは考えられなかったはずである。皇祖神を祭るという伊勢神宮は万世一系の虚構を宗教的に表現していると言ってよい。

しかしまたそうした虚構の天皇制が成立する背景には、そうした虚構を有り難がり、神宮への「おかげ」で「ええじゃないか」と付和雷同する庶民があったことも否定できない。それゆえ民衆信仰の代表的なものである稲荷神社について付言しておくことにする。稲荷山頂には古墳があるが、この古墳はこの地帯を開発した紀伊氏の古墳であると見られている。そこに五世紀頃に秦氏が進出し稲荷大社を創設したようである。秦氏は伊勢地方との朱の取引で豊かになっていたようである。能の『小鍛冶』には稲荷大社の狐が出てくるが、稲荷山には鉱物資源もあった可能性がある。そうして金属精錬にはシャーマニズム的な要素がつきものである。代表的な祭りである火焚祭はシャーマンによる鍛冶祭そのものである。

イナリという言葉がシュメールの豊饒神イナンナ女神に由来するとか、アラビア語の「よい」という意味のイに知性というナリが接合されたものであるという説もある。いずれであるにせよイナリ信仰は穀霊信仰というよりはオリエントの神秘的な知に由来している可能性があり、秦氏にはそうした情報があった可能性がある。しかしまた稲荷には狐が伴うようになっている。これは東寺の建設に稲荷大社が関係したことから、弘法大師がインドのダキニ天を導入したことによるようである。ダキニ女神は狐を従えており、ここから稲荷神は女神であり、狐を伴っているという伝承が生じたようである。このようにして稲荷信仰は密教的な呪《まじな》いや迷信的な要素も持つことになる。

こうして庶民信仰を代表する稲荷神社は応神信仰の八幡神社とともに日本列島における最大の神社になったのであるが、稲荷神社の方はささやかな生活の福利を願ういじましい庶民の神社である。そうして節度を持ちながらも卑弥呼以来の暗示にかかりやすく、迷信にも左右されがちな庶民が稲荷や八幡に支持される天皇制国家の基盤となっていることは否定しがたいことである。またこうした国民的な二大神社がいずれも秦氏という渡来人によって設立されたということはこの国の神社の特質として注目されることである。無論これは秦氏が独自の宗教的能力を持っていることを示すものでもあろうが、秦氏の置かれた状況を示すものでもあろう。秦氏が開発した伏見稲荷大社の周辺の深草は天皇家の屯倉となり、秦氏は県主のような政治的活動を封じられている。

しかし稲荷の信仰の特徴を示すものは山内に何千とある塚の信仰であり、稲荷大社は庶民がその願望を祈願した自主参加神社のようなものである。だから元政上人は稲荷信仰を軽蔑せずに、「猶てらせ光をこゝにやはらけて人のねかひもみつのともし火」と詠んだのである。

三　天皇制的精神構造

ここで精神構造というのは天皇制の思想そのものではなく、天皇制の背景にある精神傾向あるいはメンタリティということである。その精神は古代には一般に宗教において見ることができるが、古代日本においては政治は神々と一体化しており、それは端的には神ながらの道としての神道に見ることができる。無論それは「政治神学」（カール・シュミット）となった近代の国家神道ではなく、古習俗としての古神道と言われるものである。

神道はかつては固有信仰と呼ばれたこともあったが、実はきわめて広い世界の素材を持ち、それを加工したものであって特色はあっても独自のものではない。神道も多神教的な民族宗教に属するものであるから、まず代表的なギリシアの民族宗教と比べておくことにする。ギリシアの神話と言われるものはゼウスのような主神はありながら多神教的であって、神々は固有性を持ち、体系的でないことによってゼウスは支配を貫徹できない。この神話のいわばアナーキズムは初期のギリシア政治の非統制的性格に対応するものである。そうしてこの自由が、後にギリシアにおいて天皇制国家とは対蹠的な都市国家ポリスをもたらし、そこにやがて民主主義が生まれる背景になったと言える。それに比べると日本列島では統制が至上命題となるだけでなく、従順な倭人が出現して自由な個人はほとんど消滅している。このように日本とギリシアでは多神教的という点では共通点があるが、その後の政治的展開、したがってそれに対応した宗教的あり方は対照的ですらある。

ここには基層の人的資源の相違、農業国家と通商国家という相違があろうが、それだけでなく選択的な精神的関与、端的には宗教的関与があったと考えられる。ギリシア人の多神教性は節度の感覚はありながらも厭世観を持っていたことが関わっていたであろう。そうしてこの世界と人生に対する甘くない見方はそれに応じたシビアな政治に対する見方をもたらすことになる。彼らは権力保有者に容易に従わず、嘲笑は日常茶飯であった。アジア大陸の両端にあって日本では受動的に服従する倭人を前提とする天皇制国家、ギリシアでは自由市民の都市国家という対照的な古代国家のあり方をもたらしている。にもかかわらず、あるいはまさしくそうであったが故にギリシア人は後にキリスト教という一神教を受容するようになる。

ユダヤ教は目に見えない神を信じることになり、人類史の精神史上の画期をなしている。そうして日本列島もユダヤ人に接触がありえたと考えられる。旧約聖書にソロモン王がタルシシ船を作り、金、銀、象牙、猿やクジャクを輸入していたという記載がある（「列王記」）。クジャクがいるのはインドだけであるから、古代ユダヤ人はインドと交易をしていた可能性がありうるであろう。インドと東南アジアさらには北回りの日本列島へのルートがあったことは言語等様々の痕跡から窺うことができる。いわゆるユダヤの失われた十部族の一部が日本列島に達していたとしても不思議ではない。アマテラスの創作に当たってはユダヤ的一神教が何らかの影響を与えたこともありうるであろう。しかしアマテラスは所詮は機械仕掛けの神（deus ex machina）であって、全体を支配する絶対神ではない。日本の宗教的世界は結局一神教的なものにならず、まさしく多神教を基本特性とするものとなるのである。

一神教かどうかということは単に神の数の問題ではない。一神教は世界の見方が一元的であることをも意味するものであり、また何らかの原理がこの世界を支配していると見る原理主義的な態度を示すものでもある。一神教はイデオロギー的で、多神教は没イデオロギー的であるとも言える。多神教は世界観が多元的であるだけでなく、原理主義的な見方を採らないことでもある。その意味で神道はユダヤ人の原理主義とは対極にある。この相違は政治的な現実と関係があり、ユダヤ人はまさしく国を失ったために、観念によってアイデンティティを確保しようとしてイデオロギー的な宗教を生み出したと言える。これに対して日本においては国家的統一の確保が優先されたために、観念が現実を越えるものを求めるという主観的あるいは主体的、イデオロギー的な動機が乏しく、現実肯定あるいは現実追随的な精神傾向が生み出されることになったのである。

こうした日本人の精神傾向は他の世界宗教に接触した場合に、それを選択的に摂取することになる。まず儒教は宗教というよりは倫理学であるが、儀礼や制度においては受容され、また日本書紀の叙述に見られるように、ある程度において仁政思想は影響を与えている。しかし儒教の核心にある不当な権力は打破してよいという易姓革命の思想は受容されていない。それは政治を統制する規範が消極的であるということでもある。中国も自然主義的な国であるが、日本に比べると規範主義的あるいは建前主義的な国である。さらに仏教の受容も儒教の場合と似たところがある。もともと仏教は本質的に現世を越えるところに関心を持ち、被支配者は被支配者であるという社会の基本構造は維持されている。こうして日本の仏教も所詮は装飾のようなものであり、少なくとも当初は国家仏教となったのである。日本の仏教が審美的な傾向を示しているのは、新羅と倭国の初期の弥勒半跏思惟像を見比べれば分かる。広隆寺のものは明らかに悟りとは何かを思惟しているが、中宮寺のそれは慈悲の心情を伝えている。

日本の神道は世界の広い範囲から素材を提供され、シンクレティズムはその基本特性をなすものである。その宗教的な特徴は中国の道教的シャーマニズムに最も共通しており、不老不死を願う世俗性は両者に基本的に共通するものである。しかし日本列島の宗教的な特性は実は中国よりもインドから大きな素材を与えられていると見られる。ヒンズー教の水と火による浄化の祭祀は神道にまでつながっている。しかしリグ・ヴェーダの宗教性と比較するならば、日本神道における神々はやや童話化されるとともに、心情化されている。シヴァ信仰の血の祭儀や難行苦行が斥けられるとともに、日本ではヴェーダ思想において重要な意味を持っていたダルマ（法）、リタ（天則）、ミトラ（契約）という観念も積極的には受容されていない。要するに日本の神道の基底的な源泉はインドにあったと考えられるが、日本列島においては熱帯のヒンズー教的極彩色は温帯的に脱色され、やや水彩画的な淡泊なものになっている。

神道の宗教的特性としては、まず教義がなく、ただ祭るという行為があるだけであることが挙げられる。この無思想性は神社の多くが鏡を神体としていることにも示される。鏡自体は自らのメッセージを持つものではなく、あるものを映すだけである。それは赤心を持たなければならないといった没イデオロギー的な教えであり、これはユダヤ教とは対照的なあり方である。教義がないということは宗教というよりも習俗に近い性格を持っているということである。習俗的なものであることは、この宗教には原罪の要素がないことと関わっており、神道は本質的に救済宗教の性格を持っていない。これは倭人のけなげでありながら、めでたい性格と関連している。その現実主義はまた、この宗教には現在と未来との根本的な区別がなく、現実を超える超越的な世界への関心を示していないことにも現れている。

その背後には生存に対する楽天性があり、それは端的にはイザナミが殺すと宣言したよりもイザナキが多くの子を産むであろうとした生産力信仰のような宣言に見ることができる。この勢いへの信仰はまたイザナキはイザナミの死体を汚らわしいとして、汚辱は禊することで除きうるとしている点に見えるように、悪が感覚的なもので、水で流せるようなものであると捉えていることを示している。倫理的観念が感覚的なものと見られていることは、代表的にはスサノオがアマテラスに「不善」を抱いていないことを「清き心」と称していることに窺える。善悪はつまるところ清いとか清くないという感性的な問題とされている。超越的な規範性が弱い半面で神道は心情の純粋性を強調するものになっているのである。要するに神道は敬虔主義的な心情宗教であり、誠実や正直といったエートスを提供する。こうした性格は神社においては、祭神などは本質的なものではなくなり、やがては神社は一種の禊の場のようなものになる。

この情緒的で楽天的な現実主義的な倫理は他面では主観的な当為や主張が薄いという非原理主義の傾向を見せている。原理原則よりはその場その場における現実的対応が特徴的なものとなる。正邪の原則というよりは、たたりを恐れる心理によって動かされる。その反面で天皇制は天神と国神の差別に立脚するものであり、人が人である限り妥当するという自然法的な発想とは無縁である。無論この現実主義は自在な能動性も欠いてはいないが、普遍的、原理的思考は希薄である。それは日本人の前頭葉の構造に関係しているかもしれないが、日本列島の人間が原理的、抽象的な思考したがってまた法的思考を苦手とすることの背景である。

こうした精神構造は天皇制国家によって生み出されただけでなく、こうした精神的特性が天皇制国家をもたらす土壌であったのであり、精神形態と国家形態は相互的である。その支配は結果責任を伴わない心情倫理に基底を置いているために天皇は不可侵であるだけでなく、支配者は何らの責任も持たないという世界無比の統治体制が生まれる。

しかし支配者は親のようなものであり、被支配者は子供のようなものであるとされるこの統治体制が被治者の側からの自発的服従に基づいていたことは注目される。魏志倭人伝によると倭国の人間は窃盗せず、訴訟が少ないとされており、習俗の基本的健全さが備わっていたようである。しかしまた反面で、庶民は道路で有力者に会えば逡巡して草むらに入り、言葉を伝える時には屈んだり跪き両手を地面に着けたりすると言われているように、上位者にはかなり屈従的であったようである。倭人とは大人しいとか従順な人間という意味であるが、弥生時代も七、八百年経過して受動的で温和な日本人的タイプができてきているようである。そうした土壌の上に北方から権力支配に卓越した天孫族が現れて、従順な先住民を支配し天皇制国家も成立したわけである。その意味では天皇制的精神構造とは実は倭人の精神構造でもあるのである。

エピローグ　正統と異端

一　先住氏族の統治史観

古代の天皇制国家の系譜をたどり、結果として天皇制的支配を正当化するようになっているのは古事記と日本書紀である。記紀は天皇支配を万世一系によって正当化しようとするが、万世一系でなかったことは見やすいことであるから、その叙述に歪曲や欺瞞は避けられないものとなる。その歴史はいわば勝てば官軍の歴史であり、勝利者としての天孫族が支配権を持つことが当然視されている。邪馬台国や卑弥呼といった不都合な存在は抹消される。

こうした記紀の編集方針に不満足な集団があったこともまた当然のことである。先住民族も基本的には天皇家の支配自体は甘受するようになっている。しかしそうした中で彼らが記紀とは別の歴史の記録を残しておこうとしていることは注目されることである。それは記紀的統治史観とは異なった見方を示すものである。その代表的なものは平安時代初期に成立し、先住の物部氏の主張が見られる『先代旧事本紀』である。

この書も天皇氏の支配を受容はしているのであるが、まず物部氏の系譜を先に置き、天皇氏の系譜を後に置いていることに基本的な志向を見ることができる。天下りはニニギではなくニギハヤヒがなすものであり、彼が「天孫」あるいは「皇孫」とされる。『先代旧事本紀』にも宇宙開闢説のようなものがあるが、天地の支配者である天御中主尊よりも前に高天原に天譲日天狭霧国禅日国狭霧尊というような個別的人格神がいたとしており、この奇妙な順序はこの書が宇宙開闢説には独自性を持ちうるようなものではないことを示すものであろう。

海部氏系図も記紀とは違った統治史観を示している。そこでは神武以来の初期の天皇に対応するものが実は先住民の首長であることが示唆される。初期の天皇は記紀において述べられているものとは全く違った可能性があることは賀茂氏の秘伝においても暗示されている。しかしこれは国家起源の最も秘められたところのものであり、したがって海部氏も賀茂氏もその伝承は厳しく秘められていたのである。

先住民族の別の支配の可能性を示しているのは大田田根子が一部を書いたとされる大物主を祖とする三輪氏系統の『秀真伝』である。大田田根子は崇神に三輪山を祭るために呼び出されたとされている人物で、彼が二三四歳であった景行の時代に出されたとされている。もとより信じるに足りないことであるが、その前提になっている伝承があったかどうかはまた別の問題である。

『秀真伝』はヲシテと呼ばれる文字で書かれ、それはインダス文字あるいはタミル文字に似たところがある。古代におけるインドとの連関から言って、そうした文字があった可能性も全くは否定できないであろう。しかし古代文字あるいは神代文字と言われるものは基本的にはイロハと同じ表音文字であり、簡単に制作できるものである。神代文字のようなものがあったことを全く排除することはできないが、それは神職など限られた範囲にのみ伝わったものであろう。また『秀真伝』は全編が和歌形式をとるものであるが、そこには新しい時代の言葉が多くみられる。小袖や袴という語が見られるが、これらは平安時代以降に一般化したものである。乗馬法についての綾があるが、沖縄には野生の小型の馬がいたという説もあるものの、日本列島には自生の馬はいなかったようであり、それは魏志倭人伝が、馬はいないと書いている通りである。『秀真伝』がいかにも珍しいもののように乗馬法を記述していることは、逆にそれがいつごろ書かれたものであるかを推測させるものである。婚姻儀礼のあり方など風俗的にもそれがそのまま大田田根子の時代の産物であるとは見なしがたいものである。古代日本は八母音であったはずであるが、『秀真伝』が五母音で統一されているのも不審なところである。

『秀真伝』は先住民が大田田根子に仮託して古墳時代に書き始められた可能性があるが、今日のような形になったのは多分江戸時代のことであろう。それが大田田根子の著作であるとされる限りでは、『秀真伝』は明確に偽書である。しかしそこには古事記や日本書紀には見られない情報が保存されている可能性も否定できない。おそらく『秀真伝』は日本書紀の編纂に当たって各氏族の記録を提出させ、完了後廃棄したと言われる記録が何らかの形で部分的に残されていたことを示すものであろう。『三笠紀』の著者で垂仁時代の五大夫の一人とされる大鹿島命は諸家に伝わっている記録文に関して、七家の伝承はそれぞれ異なっているが、掟となる文は『秀真伝』であると思うというような言い方をしている。『秀真伝』はいわば敗者としての海人族の思想を窺わせる数少ない資料である可能性がある。したがって天皇制国家の古層は天皇制自体の古層というよりも、天皇制国家が取り入れることになる天皇制に先行する先住民の層なのである。

しかし『秀真伝』には時代的な問題だけでなく、地理的な把握に関しても難問がある。秀真《ほつま》国とは日本書紀で優れて整えられている国であるとされているものであるが、この書では原見山つまり富士山麓にあったと考えられている。また古代国家の始源は「日高見」と呼ばれる東北に置かれ、いわゆる高天原は東北にあったとされている。そうして高皇産霊神は通常は西南日本に関わりがあるものと見られているが、『秀真伝』では多賀のコウに本拠を置いていたとされている。邪馬台国時代の列島東北部は高句麗が支配しており、高皇産霊神はその始祖とも考えられるから、その記憶が残っていたとしても不思議ではない。しかし多賀のコウのコウはおそらく国府に由来しており、それは奈良時代以降のことである。多賀のコウの多賀は近江の多賀を逆投影した可能性もあろう。なお『秀真伝』では大己貴神が津軽に流されたというようなことが書かれているが、これは出雲神族の移動を物語るとともに、大己貴神と大物主命の由来が異なっていることを示すものであろう。

ここでは『秀真伝』流の歴史把握のいくつかの特徴線を取り上げることにする。

まず記紀の神々は神名の羅列に終わっており、記紀においては神々の存在が理解しがたいものとなっていることを窺わせる。これに対して『秀真伝』では神々は日本列島の指導者を表現したものと見られている。この意味で『秀真伝』の記述は、記紀の神々は宇宙の生成過程の叙述などではなく、列島の先住支配者を示しているとした浜田秀雄の理解に近いと言える。『秀真伝』では国常立尊の国は常世国とされているが、これは道教に由来するものであって海外にあるというようなものではない。常世国とは国常立尊が常世の道によって治めたという意味であろう。この国常立尊の八名の国狭槌尊の子供がそれぞれ国に派遣され、それが「国君」の始まりであるとされている。この八名は『先代旧事本紀』にもあり、何らかの伝承があったのであろうが、儒書や易から採られた可能性もある。この八名の国狭槌尊の子供が豊国主尊と呼ばれ、これは古事記では豊雲野神とされているものに当たる。豊国主尊は「君臣民」の位である三行の道を伝授し、この三代の「天成る道」は「女もあらず」治まったとされている。「女もあらず」とは、まだ婚姻の制度もあらずということである。婚姻という「人成る道」ができて「天の道」もあるのであろう。

国常立尊は天の真栄木の種を記紀では名のみしか伝えられていない葉木国に植え、葉木国の神は高天原に高皇産霊神を生んでいる。高皇産霊神は木の常立尊とも呼ばれ、その後継神は高仁尊（イザナキ）を生み、一方高皇産霊神の五代目になる豊受大神が伊佐子（イザナミ）を生み、ここにいささか童話的なイザナキとイザナミの結婚が成立することになったとされている。高皇産霊神は何代か続いて支配した人物であり、豊受大神はその五代目の王であったとされている。豊受大神は恐らく大分に本拠を置いた王であったのであろうが、どこかで混乱が生じた可能性がある。

豊国主尊の流れにある面足尊は列島内を巡回し、近江の安曇を中柱とし、東は日高見から、西は月隅（九州）や葦原（近江）まで、南は阿波、熊野から北は北陸、大和、山陰に至るまで天の道を広めたが、御子がいなかったために道は衰えたとされる。そこでイザナキ、イザナミの二神に、重要地点は葦原であり、そこを治めるように璽《おして》つまり玉および矛を与えたと言われる。安曇とは安曇川付近のことであろうが、『秀真伝』はイザナキ、イザナミ集団の本拠は近江の多賀にあったことを暗示している。そうしてこの近江を「淡国」あるいは「淡路」と称したとされている。多賀大社は元来は土地の氏神を祭っていたものでイザナキが淡海の多賀に坐しているという古事記の記事からイザナキ、イザナミを祭るようになったのであろうが、イザナキ集団が近江に進出していた可能性は十分にありうることである。

付言するとイザナキが淡路島に葬られたとされていることから、「淡海」は簡単に「淡路」の間違いであろうとされたりしている。しかし古事記の「淡島」はヒルコと同様未熟児のことであり、日本書紀の胞としての「淡路州」も同様である。それを「淡路島」と解するのは「淡島」の意味が不明になっていることを示唆するものであろう。天孫族が淡路島でイザナキ、イザナミの神話を摂取したことは確かなことのようである。しかし「淡島」は初子犠牲を暗示するものであり、「淡路島」とは無関係のものである。イザナキとイザナミが最初に作った正規の島が「淡路」とされているのは、近江の「淡路」にいたことに由来する可能性がある。『秀真伝』はまた葦原中国だけでなく、記紀の高天原のモデルが近江にあることを暗示している。高天原が天下りの出発点である限りでは天上の国であり、天下りが列島外からの渡来である限りでは列島外の地でなければならないであろう。しかしまた『秀真伝』が示すように高天原は東北にあるだけでなく、そのモデルは地上の葦原国としての近江を示唆するようなところがある。記紀には安の河原が述べられているが、これは近江の野洲川と見て間違いない。

近江におけるイザナキ、イザナミの国を予期させるのは唐古・鍵遺跡を上回る規模を持つ伊勢遺跡である。野洲川流域のこの遺跡の周辺からは多くの銅鐸が出土しているが、銅剣や銅鏡はほとんど存在していないことは、この遺跡が銅鐸祭祀の海人族のものであることを示している。またこの遺跡の近くの下長遺跡には古墳時代初期の儀仗などが発見されているが、このことはヤマト王権が成立した後でも当面は服属しない王権があったことを推測させるであろう。

この遺跡で注目されるのは直径二百メートル強の円周上にストーンサークルのような建造物が置かれていることである。それはおそらく日読みのための宗教的施設であろうが、また集会施設の可能性もあろう。遺跡は西暦一世紀中葉から始まり、二世紀末には終焉しているが、それは倭国大乱の時代に当たっている。それと入れ替わって纏向遺跡が出現しており、大乱後は纏向や伊勢に移動したと想像される。伊勢遺跡は建築様式の点でも伊勢と何らかの関係がありそうであるが、その伊勢はまだ存在しない伊勢神宮の伊勢ではなく、伊雑宮の伊勢である。

もっとも『秀真伝』においては天照神はアマテル神であり、アマテラスとは呼ばれていない。ただしこの書では天照神の性格は徹底はされておらず、忍穂耳尊を子として持つなどアマテラスと融合もされている。しかし天下りの代わりに天照神の孫である火之明尊が大和に派遣され、世襲的な大物主などに諫められている。

『秀真伝』で異彩を放っているのは倭国大乱らしき記述があることである。これはハタレの乱として伝えている。ハタレとはねじ曲がり、あるいは懲らしめということであり、第八綾で詳細に記録されている。通常倭国大乱は一七八年から一八三年とされているが、これは『秀真伝』の鈴暦の記述とほぼ同じである。この反乱は出雲や北陸に始まり、立山、伊予、紀伊、筑紫、山代にも広まったとされている。その総数は何億人とも言われている。もっともこの乱の記述にはいわゆる出雲の国譲りの伝説なども加わり、天照神をアマテラスの事績のように記述もしており、海人族の視点と天孫族の視点が混交されているために混乱もしている。のみならずその記述は童話的にデフォルメされている。きわめて幻想的な記述であるが、ハタレには錦大蛇のシム道、鵺のアシモチ、蛟のイソラ、狐のキク道、猿のヰヅナ道、天狗のアヱ道の六集団があったとされている。これらは動物霊を操る魔物とされているが、実は反乱勢力のことである。さらに荷田氏がキツネの霊のキク道を征圧したことが稲荷神社の起源になったという時代錯誤も示している。

天皇氏に関しては武仁と呼ばれる神武の后は十二人であったとか、死に際しては三十三人の殉死者があったとされているが、もとより信憑性のあるものではない。さらに懿徳の時代にケクニ大臣に建飯勝命と出雲醜命を任じたという記事があるが、ケクニとは食国ということであろう。『先代旧事本紀』にもイワレヒコが大神氏の天日方奇日方命と物部氏の宇摩志麻治命を食国申政大夫に任じたという記事があり、何らかの高官があったことは予想される。このように『秀真伝』はより細かな后の情報（?）を与えたりしているのであるが、この時代に王権の実質があったかどうかは疑わしい。そうしてイワレヒコの大和征伐を長髄彦命が政治を恣にしたからであると容認し、テキストの由来によるものであろうが、景行の時代で終わっている。

『秀真伝』の一つの特色は最初の天君から神武まで三千万年以上が経過しているというように暦年が誇大なことである。これは『秀真伝』の記年が国常立尊が葉木国に真栄木（鈴木）を植え、真栄木は一枝が六十年であり、六万年がたつと枯れ、これを一鈴と呼ぶという幾何級数的な鈴暦に立っていることと関連しているであろう。ところで日本書紀でもニニギから神武まで百七十九万二千四百七十余年とされており、これは期せずして『秀真伝』の数字と同じであり、両者の連関が予想される。しかし三代で百万年以上ということは尋常では考え難いことである。このために神武の前のウガヤフキアエズは七十三代あったとか五十一代あったという説が生まれることになる。これが所謂ウガヤ王朝と言われるもので『上記』とか富士宮下文書と言われるものに記されている。しかしウガヤ王朝がそれだけ長いとすると、それはいわゆる天孫降臨の前であり、したがって天孫族の朝鮮半島時代の歴史であるとか、さらに遡って中央アジアや西アジア時代のことであるとされたりするが、伝承のつながりはありうるとしても無論空想にすぎない。しかしヤマト王権が成立する時代には魏志倭人伝には触れられていない東北や大分あるいは山梨などに地域的な勢力があったことは確かであり、日本古代史は古事記、日本書紀が伝えるようには一方向的に整除されていないのである。

『秀真伝』は偽書であるが、弥生人あるいは邪馬台国人の思想が保存されていない中で、卑弥呼的な思想の環境を窺わせる可能性もないとは言えず、若干の言及をしておくことにする。

宇宙創造に関して十六綾では次のように述べられている。

「天御祖神　天地人も　分ざるに　初の一息　動くとき　東登りて　西下り　空に巡り　天地ウビの　巡れる中の　御柱に　裂けて陰陽なる　陽は清く軽く巡りて　天となり　陰は中濁り　地となる　水埴分れ　陽の空　風生む風も　火お生みて　陽は三となり　陰は二つ　ヲセの宗元　日と丸め　ヰモの源　月と凝り　空風火と　水埴の　五つ交わりて　人となる　天御中主の　神はこれ」(鳥居礼訳)

これは子づくりに関して述べられたもので、ヲセとは男背、ヰモとは陰妹ということである。ここでは天御祖神という宇宙の始源神が伝えられている。天御祖神は出雲のクナトノ神や大穴持命に垣間見られた創造神である。神の「一息」が世界を作ったというのは西ユーラシア大陸にかなり見られるものであり、天御祖神はヤハウエ神に似たところがある。ユダヤ・キリスト教に通じる一神教的な創造神が日本列島に伝わっている可能性があることは注目に値する。

神の「一息」が巡り、そこに生じた御柱から陰陽が分かれ出る。陰から生じた地空は水と埴に分かれる。陽から生じた天の空から風が生まれ、風はまた風を生んで火が生じる。それで陽の性質を持つものは三種類、陰の性質を持つものは二種類となり、合計五つの元素が生じる。これは中国の陰陽五行思想を思わせるが、その内実は違っている。陰陽五行説は陰陽二元論に木、火、土、金、水の五行を結合し万物を説明する哲学的原理である。これに対して『秀真伝』の説は、まず始動者があり、五元素には空（うつほ）を含んでいる。

ここに人神としての神が誕生し、それが天御祖神の転生である天御中主神であり、天御中主神は人を生んで星に配し、常世の道を教える国常立尊に転生したとされている（第十八綾）。記紀ではイザナキ、イザナミが島を生むという超現実的な話になっているが、『秀真伝』においてはイザナキ、イザナミはすでにできている国土においてそれを整える存在であり、生む行為は単に子育ての連関で述べられているだけである。国土を整える政治の業がオノコロと言われる。イザナミは神器でオノコロの秘伝をもって宮殿を作り、国を治め、人民の生活の分別を定めたとされている。オノコロの四字は地に合い、国を治め、業と真の手法ということであり、政治の要の原理であると解されている。

『秀真伝』の最初の完訳本が『秀真政伝』とされていたことが示すように、そこには海人系のいわば政治思想が瞥見される。璽つまり玉に形象される瓊《と》の教えと言われるその「天の道」は恵みの道という意味あいを持つが、端的には人知を越えたまじないの要素を持っている。第十五綾において「天の道」では「人神に　相求む」とあるように人と神は呼応する関係にある。『三笠紀』の残編一には、君は中に位置して四方の国を治めるものであり、政事は四方と中の関係によって保たれるとされている。その統治のあり方は天児屋根の言葉として次のように言われている（鳥居編『秀真伝』所収）。

「もろもろの教えをもととした政事の宗と源は東西南北の四光と中央の御瓊の道である。布の経は形を定める骨組みである。緯を用い綾を織分けていくのも神の宗と一体であり、経は国民を潤す世々の道を示し、緯は邪な心をもつ邪魔を滅ぼす矛の掟を示すものである。宗と源の経緯の糸の政事により、八方の国政を正しく行い自らの身を修め養って八民を治めるのである。これが四道の業である」。

こうした政治に連関しているのが『秀真伝』独自の言語観である。『秀真伝』の宇宙創成論は表記文字のアイウエオと連関しており、それは一息が巡ることを象徴的に表したものであり、この生動的な宇宙観は言霊思想と連関している。つまり『秀真伝』において特徴的であるのは、言葉に独自の霊力を見ていることである。そもそもホツマ文字においては、母音は空、風、火、水および土という宇宙の構成元素を表意したものであった。言葉というものは息から始まる宇宙の現れであり、したがって霊的な性格を持つものであった。これがいわゆる言霊信仰の基底にある考えである。このように言葉に霊力があると考えられるために、言葉自体に国を動かす力があるとされることにもなるのである。

さらに『秀真伝』的な統治を特徴づけているのは、それが和歌の精神によって彩られていることであろう。和歌は海人族としての倭人の表現手段であったように見える。和歌とは倭人の歌として倭歌でもあったのである。倭歌が大和言葉であり、大和心を歌ったものであるとするのは日本列島中心主義的な見方であり、五七調も源泉としてはタミル語にあったとされる（大野晋）。

最初の綾は和歌の力で穂虫を退治したということを歌い、三十九綾には歌の力に関する途方もない考えが示されている。ここでは忠義などは歌うことによって法のようなものになるとされている。そうして「終に秀真の　政事　天に通れば　悉く　服らふ時ぞ」としてそうした政治の道が通るならば服するであろうとし、「歌は国　力は値」と言われている。歌には国を動かす力があるのである。

この政事の特徴は究極的には太占《ふとまに》つまり殷に原型を見る占いになることである。「ふとまに」という言葉も意味が分からなくなっている言葉であるが、もとは「大きな亀」を意味し、古代の亀卜方であり、南島系の単語と見られている（村山七郎他『日本語の起源』）。『太占』の太占図にはルーレットの回転盤のように天御祖神アウワを中心に、方位の八元神が配置され、占いの仕方は分からないが、骨肉を司る天並八神と外形を司る二神一組の三十二神とを組み合わせ、合計百二十八の卦に対応する和歌が指針とすべき教訓歌のように付されている。これらはおそらく邪馬台国に至る弥生人の世界観および人生観を窺わせるものである。

この和歌は書誌的には江戸時代以前に遡れず、研究らしい研究もなされていない難解なものを含んでいる。奈良時代に吉備真備の作と言われる訳注詩が生まれているとされていることは、この時期にすでに意味が分からなくなってきているということであろう。後世の言葉が混じっている可能性もあるが、ともかくここには他の所では見ることができない先住の弥生時代人の思想、端的には邪馬台国の卑弥呼の占いによる政治思想を窺いうる可能性もないわけではない。ここではヲシテ文字で書かれているためにそのままでは意味不明である『基兆太占紀』の漢字を含んだ訳と注釈詩などを参考にしていくつかを挙げることにする（吾郷清彦『秀真伝』所収）。

アハラの卦の歌には太占の基本的な世界観が見られる。

高天原（アメノハラ）は　神の集まる
人の原　滴（シヅク）に業（ワザ）の
源（ミト）ぞ生みける

注釈詩では「小天を像る。これ則ち高天原なり／心精則ち天津神諾（アミア）に頭（カミ）を会す／原は則ち腹にして、滴を生じて源となること／猶源流万業の道を生ずるが如し」とある。人は皆自己の周囲に小宇宙を像るものであり、それが高天原に通じるということである。神と人との相関が示されている。

アチリの歌では、

天（ア）に散りの　花もわが身の
推移（ウツロイ）か　忍びの声も
鳴り響くやは

とあるが、これは注釈詩で「風に聞き、心に諾き、忍に咎を免ること」とされているように、自然を見て反省静慮することであり、自然と人間との相関が示されている。

ホツマの統治は君、臣、民の三要素からなっているが、当然に君は基幹である。アヰサの歌には次のようなものがあり、君には臣の助言が重要であるとされている。

天（ア）の諫め　君は良臣之言採用（トミカリ）
親は子の　共に財宝の
循環（メグ）るなりけり

注釈詩は「君良臣の諫を聴き、徳を彰す／父は子の諫を用い、躬の祥を得る／民は明諫に因り　身を修るを得ること／猶財宝天下に配通するが如し」とある。下の意見に従えば財の配分は円滑であるという一種の民本主義はホツマの基本的考え方である。

ホツマの統治は臣を万国に配し民を治めることにあるが、中間的指導者としての臣はまた問題的な存在であるともみなされている。フキニの歌の注釈詩では、君が正しくても臣が争うが、糾明すれば双方に理があるというようなことが言われている。賦とは君のことである。

賦の来（キニ）の　争う臣の

道理を和せば民の
　恩頼ぞ来にける
民に関してはフハラの歌で温情慈愛の精神による財の配布を語っている。注釈詩では「情に原（モトヅ）けば、便ち民公実を慕う」とある。
　賦の原の　宮は財宝を
　孕ませて　慕う秀真の
　民ぞ産みける
ホツマの統治の基調は慈恵主義にあるが、避けられない争いに関してはフエテの歌の注釈詩に「長臣偽れども弟臣正しく」と言われているように、問題がある時は大体下の者に理があるとされている。オキニの歌の「西」は「南」のことであり（吾郷）、理は下方にあるということである。
　雅（オ）の来（キニ）の　功線（イサオシ）弟に
　有るなれば　家督も境界も
　西（サ）にぞ来ける
ホツマの政治においては教えとしての瓊と矛を適切に用いることが肝要である。
スハラの歌では次のようにある。
　頌（ス）の原の　祭政（マツリ）豊かに

寿（コトフ）れば　原瓊温潤（ハラトウルワ）う
民ぞ居健（イタ）けり

この政治はモキニの歌にあるような保守主義を見せている。元（モ）の来（キニ）の　法式（ノリ）は短慮軽率（オロカ）に改めず　元を興せば

われも帰元（キニ）けり

注釈詩で「古来の式は天に像る。あらたむ勿れ／愚慮を以って、争うと雖も未だ通ぜず／本政に帰すれば則ち天之を祐け／我意を立てれば則ち之を罰す」とある通りであり、根本的改革への消極性が示される。

とりわけホツマのあり方を特徴づけているのはイエテの歌にあるような謙遜、謙虚あるいは隠逸的な傾向性である。注釈詩で「強言」は「規矩」を破り、高い木には抵抗が大きいとされている。

崇（イ）山なる　高樹は聳え
居りやせん　謙虚に装うて
山麓閑居（ヰヤマ）なるべし

他面でこの政治は矛よりも心情を重視することにある。オツルの歌では次のようにある。

雅（オ）の弓（ユン）の　政庁庭（マツリヤニワ）に

恐るれど　馬より琴の
民を導（ヒ）くなり
これは注釈詩にあるように「弓馬の道盛んなるは、国未だ治まらざればなり」ということにほかならない。
モユンの歌では乱暴な者にも平和に対応することが言われている。それは琴によって和合させるようなものである。望ましいのは琴に象徴される和の政治である。
興（モ）の弓（ユン）に　禍鬼（ハタレ）破れば
琴の音の　和しも弓ぞ
尊とかりける
この一種の共感政治はつまるところオツルの歌のようになるであろう。これは注釈詩で民の貧が収まって後福を得るとされているが、花が落ちる貧窮の時代にも雅和の政治の香りは残っているということであろう。
雅（オ）に尽（ツル）の　政治は花の
香に残り　病む貧しさも
雅に尽（ツク）らん
かくしてオヤマの歌のようになろう。オヤマトとは雅和ということである。
雅弥真瓊（オヤマト）の　道は清直に

偽らで　人の言葉
悦笑（ニエ）に行くなり
海人族は天御祖神と八元神が天で九星（こほし）となったという星信仰を持っている。そしてスナワの歌で政治は天の星を織るようなものであるとしている。
頌（ス）の導児（ナワゴ）　産む魂の緒の
星なれば　天の祭政（マツリ）も
星や産むらん
もっともホシという言葉には星という意味と欲望という意味がある。このために例えば御預二号（gejirin.com）では「衰の縄の倦む霊の結の／欲なれば天の政も／欲や生むらん」と読んで、貧の連続によって欲が生まれ、天の政も欲の原因となろうというような正反対の解釈が生まれている。ここでホシを欲望と解するのは失当であろうが、仮にそうするとしてもそれは欲望を考慮すべきということ（池田満）であろう。
太占の和歌は邪馬台国にいたる倭人の精神構造のエッセンスを示していると見られる。その精神は「尚人は神　神は人なり」と言われるように、神と人、自然と人間、人間と人間の感応を原理としており、やや謎めいてもいる独特のものである。天御祖神（アウワ）を中心とした太占図はその世界像と精神構造を示すものである。そこには主体と客体を対立させない生気（エーテル）論を思わせるような生動的な自然を志向するある種の哲学も窺える。しかしその哲学は人知で完結するのではなく、占いと接続している。倭人には暦法に見られるように数学的な能力も欠けてはいなかったようであるが、それは必ずしも自然を即物的に捉える科学とは結びついていないようである。東族古伝の神祖や琉球説話におけるアマミはこの天御祖神を政治化したようなところがある。そこで神と人等を媒介するものが言葉である。およそこういうものが呪《まじな》いによって政治をしていたと考えられる卑弥呼を取り巻く精神環境であったであろう。

太占の和歌には大己貴神のような日本列島の神だけでなく、西王母のような神も引証されており、易や道教の影響があることは明らかであるが、それは道家的無為自然からは遠く、陽気で楽天的な気質を示している。その慈恵性は儒教の上からの仁政ではなく、仏教の超越的な慈愛でもなく、現実の働きそのものである。

慈恵的な政治のあり方は心情を重視する和合共感主義であり、そこには共和主義的な要素も見える。しかし他面において謙譲を根底に置き、主我を否定的に捉え、自己主張を否定的に見る没我主義的なところがあり、平和主義である反面で大きな改革には消極的な保守主義によって規定されている。ここには倭人の和の政治の原形が生じている。

『秀真伝』や『太占』の思想は基本的には古事記や日本書紀以前の倭人のあり方を示すものであると考えられる。本居宣長は古事記に大和心の原形を見たのであるが、それはすでに天孫族的なヴェールが懸けられたものである。そこにある程度保存されている倭人のメンタリティの源泉は民族移動の伝承や言語構造さらに墓制や土器の記号文が示しているようにインドを指している。支石墓は南インドにあり、東族の移動とほぼ重なって中国東北部まで及び、南インドの土器の記号文は唐古・鍵遺跡にも見える（大野）。大和心の原郷は端的には南インドにあり、そこに変容を加えたものなのである。そうして南海を北上してきた倭人を朝鮮半島から渡来してきた天孫族が支配することによって日本列島における天皇制国家が成立することになる。

天皇制国家が南方の海人族を北方のツングース族が支配することによって成立したということは日本語の構造にも現れている。日本語の基礎語彙はオーストロネシア系のものが多いのであるが、統辞法はウラル・アルタイ語系が支配的である。南島からの海人族が被支配者になったのに対して、北方からの支配者文化が支配的になったのである。それは衣装的には横幅つまり腰巻であった先住の倭人である海人族をズボンをひもで結んだパンタロンの天孫族が服従させて生まれている。

このように日本の古代国家が南方に由来する倭人を北方からの天孫族が支配する形で成立することになった原因は倭人にもあったであろう。心情重視の彼らの長所は政治的な弱点にもなる。総じて彼らの政治観は文学的、心情的であって、政治の原理もつまるところまじないになる。彼らが天孫族に従属するのは必然的であったとも言える。

しかし天孫族が全面的に海人族を殲滅したわけではなく、倭人に多くの点で妥協しなければならず、それによって規定されている。倭人の和歌の精神は歴史書である記紀にも浸透している。したがってこの政治的敗者は必ずしも敗北者に終わっていない。無論祝詞や陰陽道のようなものは海人族の呪《まじな》いや占いの戯画であろう。しかし根本的に見るならば、権威主義的な天皇制国家は呪術に左右されやすく受動的服従で知られる倭人の土壌の上に、それと相乗的に生まれたと言ってよい。卑弥呼の魔術は天皇の呪儀に継承される。

二　回顧と展望

1

異論も生じる中で古事記や日本書紀の天皇制国家についての見方は日本書紀が正史的なものとなることによって公権的なものとなったと言える。ここで正統と異端ということを言えば、それは天皇に関する記紀的な見方が正統的な地位のものになったということである。正統とか異端というものはドクトリンの内部において成立するものであり、天皇制に関してはそれは端的には神道の問題となろう。その際正統と異端の判別基準になるのは万世一系を認めるかどうか、天皇家以前に先住の王を認めるかどうかに因ることになるであろう。無論結果的には異端の方が正しかったわけである。

一般に正統とか異端ということはキリスト教やマルクス主義などの一定の教義やドグマの内部に成立し、イデオロギー・システムにおいて公式見解となったか、あるいはそうでないかを意味している。したがってイデオロギー・システムそれ自体ではない国家や思想について正統とか異端を言うことは意味のないことであり、正統なき国家などということは意味をなさない。もしそのようなものがあるとすれば、それは国家が一定の教義を持つということになり、それは禍い以外のものではないであろう。丸山真男が正統と異端の課題を未完にしなければならなかったのは、あたかも日本の正統のようなものがあるかのように想定していたことに概念上の問題があったためであろう。

2

古事記、日本書紀は天皇制国家の正当化を歴史的になそうとする企図であったから、歴史の認識の問題を内在させている。その目的のために記紀は万世一系を提出したのであるが、それは事実でなかったのであるから、歴史はイデオロギー性を持つのみならず神話を要請することになる。こうして国家の起源に秘密が置かれることになり、国家にとって都合の良いことを偽造したり、不都合なことを隠蔽したりする歴史的態度が生まれる。これは以後のこの国の歴史認識に制約を与えたと言ってよく、教科書問題の出発点でもある。天皇制が歴史の欺瞞の上に存立していることは困惑させることであるが、そこから脱却したいのであれば、まず事実を直視することが必要である。

無論歴史を純客観的に捉えることができるかということは歴史学の難問であり、歴史は何らかの程度において主観性は避けられない。特に古代においては対象から距離を取ろうとすることは例外的であり、国家とその統治者に役立つことが善であるとする国家功利主義や任意の選好的叙述が支配的になる。若干注目されるのは記紀の歴史叙述には勧善懲悪といった規範的判断が乏しい半面、主情的、抒情的なところがあることである。そうしたなかで記紀の記述が日本列島中心主義になっているのは、記述者が渡来人であったにもかかわらずというよりも、まさしくそうであったためにそうなったのであろう。

3

かつて丸山真男は日本の歴史像の「古層」を問題にしていた。彼によるとそこでは「作る」というよりは「なる」「生む」という契機が主導的な役割をし、その中核をなすのは過去でも未来でもなく「いま」である(「歴史意識の『古層』」)。この議論は記紀における歴史意識を日本の「古層」であると仮定している点においては議論の余地も残しているが、記紀は多分に天孫族以前の海人族の要因によって規定されており、その限りでは古層が保存されていると言えるであろう。

特徴的なのは丸山が「古層」というものを実体的な層として捉えていたことであり、「古層」は隆起したり参照されたりする。しかし歴史意識の「古層」がそうした実体的なものと考えられるならば、それは具体的な地層のようなものになってしまうであろう。このために後に丸山は「古層」という表現を改めて「執拗低音」と表現するようになる(「原型・古層・執拗低音」)。しかしこの「執拗低音」と言われるものも実体的な音であることに変わりはない。そうではなく、ここで問題になるのは時代の変容にもかかわらず、日本の思想にある傾向を与えるのは何かということであるから、それは特定の旋律ではなく、ある種の調性やメカニズムの問題であろう。

現に丸山自身が日本の歴史意識のダイナミズムを捉えている。「する」よりも「ある」の論理が支配的となることは権力の位置づけをぼかし、決定の結果責任を曖昧にする状況的倫理と相対的保守主義をもたらすものであるが、「いま」の原理主義は「古層」をその都度新たに隆起させるとともに、それと相克しつつ新たな実践を可能にする能動性も持つ。非歴史的とも言える「いま」中心主義は「いきおい」への憑依と相まって新たな変革や適応を自由に呼び出すことにもなる（『丸山真男集』第十巻）。

4

そうした精神的メカニズムは『太占』に示されるような倭人伝来の「生動的自然」への志向と表現してもよいであろう。これは自然を生あるものと捉え、そうした生動的な自然に依拠しようとする精神傾向である。この傾向性は草木などに神を見る精霊信仰に根差すものであり、さまざまな局面において表面化する。社会的には有機的共同体主義をもたらす反面で、個人の自由や権利には消極的な集団主義がもたらされる。倫理的には心情の純粋性や正直あるいは誠といった心情倫理がもたらされる反面で、普遍的、抽象的な原則はかえって消極化される。ここで支配的になるのは原理ではなく実際的な行動主義である。

この極度の保守主義的システムはきわめて保守的な政治文化をもたらすことになり、ここには内在的な革新力は欠けている。しかしこの状況主義は原則的にではなく、その場その場において適宜に対応しようとする点で、形式にとらわれない活動のダイナミズムも生むことになる。実際主義は単なる随順ではなく、場合によっては過激な奮闘にもなる。もっともそれは自然の激発や非体系的析出であり、多くの場合はやがて元の定常状態に回収されるのが常である。ここにあるのは革命ではなく、改革保守主義としての維新である。

5

こうした政治意識の実体的な帰結が天皇制であったわけである。したがって天皇制の問題は正統と異端の問題にとどまらず、正統と異端は実は天皇制という枠内の程度の差にすぎない。その際天皇制は単に一人支配という意味での君主制に還元できない精神的な要素によって規定されており、それはある種の権威主義と呼ばれてよい。そこでは天皇が親であるのに対して国民は未成年の赤子のように擬制されることが示すように、国家構成員は政治主体にならない。その意味では天皇制は構成員が服従者にとどまるアジア的専制の極致とも言える。その一つの結果は、この国では共和主義の伝統が生まれなかったことである。共和主義とは単に君主制の要素を持たないという制度的な問題ではなく、国家を国民のものであるとするということである。これに対して天皇制国家は支配の正当性（legitimacy）の問題をつまるところ支配の承継由来つまり正統性（orthodoxy）の問題に還元するものであり、それはまた支配の正当性を問うこと自体を消極化させるものでもある。

6

こうしてユーラシア大陸の吹き溜まりの位置にあり、きわめてインターナショナルな要素を融合した日本列島は国家建設の過程で天皇制というかなり特異な政治体制をもたらすことになっている。それは日本列島でしか通用しない元号を持つことに象徴されるように、この列島をガラパゴス諸島にしたと言えよう。

天皇制というガラパゴス体制は、概略的に言えば南海から渡来した従順な海人族を朝鮮半島から渡来した政治的支配にたけた天孫族が支配して成立している。そうした見方はすでに七十年以上前に岡正雄が民俗学的見地から提出していたものである。しかし注目されるべきことは、これは一面的に天孫族が海人族を征服したということではなく、海人族に由来する倭人が受動的に服従することによって成立しているということである。その意味で権威主義的天皇制を成立させたのは従順な倭人という土台であったと言ってよい。その限りでは天皇制とは愚民政治の別名とも言えよう。

7

こうした権威主義的な統治様式の根強さは、一旦は時代から見失われたかのような天皇制的支配が明治維新において再生あるいは再利用がなされ、場合によっては古代天皇制よりも天皇が神聖化され絶対化されるという逆説を生じさせることになる。それは一つには日本の近代というものが西洋における近代の進行とは違ったあり方をしていたことによっている。西洋の近代は宗教改革などを契機として自由な人間主体が登場し、そうした人間の権利を確保するために国家が生じたが、日本においてはそうした宗教的、政治的な変革なしに近代への要請があったということである。このために日本の近代化は旧来の要因を克服するというよりも、むしろ近代以前の要因を援用する形でなされることになった。それは社会的には江戸時代の「町人」根性であり、それが西洋の権利を持った「市民」の代用をした。近代国家は日本においては自生的には生まれず、そこにおいて援用されたのは忘れかけられていた古代以来の天皇制であった。こうして明治維新はブルジョアジーによる市民革命でなく、あくまでも在来の支配層の入れ替えによる維新となり、日本は王政復古という一見して矛盾するような道をたどりながら近代への通路を開いている。

しかし精神の変革なしの機構だけの近代化がいずれ破綻することは避けがたいことであった。能動的な国民を欠いた絶対権力が責任体制を持ちえずに崩壊したのは明治維新そのものの限界に由来していたと言える。明治憲法下の天皇は神聖な権威であるだけでなく統帥権を持つ権力者であったが、昭和天皇が自分の名によってなした戦争に何らの責任を取らなかったのは、天皇の政治的無責任性という天皇制の原理に従ったまでのことである。

8

天皇制は場合によっては民本主義（吉野作造）のようなものにもなりうるが、制度的には民主主義の対立物である。戦後の憲法においては天皇は国民統合の象徴とされることになり、今日では天皇制は政治的にはプラスの意味でもマイナスの意味でもほとんど問題にならないものになっている。天皇制は秩序の形成と維持にはメリットを持つところがあり、古代においては日本国家の形成を実現し、一定程度の近代化をもたらし、敗戦に至る間には独立性を保持させ、政治的安定を保つ錘の機能をしているところがある。

無論天皇が国民統合の象徴とされているということは臣民的・他律的統合、政治主体としての市民の欠落をも意味するであろう。他方で象徴とは抽象的なものを具体的なもので指示するものであり、人間が象徴になるというのは異例である。かつては差別の上に成立した天皇が基本的人権も乏しい象徴になったことは、差別するものが差別されるものになったということであり、ここには主奴の弁証法（ヘーゲル）も見える。

しかし天皇制は単に制度としてあるのではなく、ある精神構造を表すものであり、それは天皇制が制度としては形骸化しても依然として残存している。天皇制は権力に随順する政治的メンタリティの象徴になったと言ってよいであろう。

9

天皇制的精神構造と行動様式は権威主義的な共同体主義と呼ばれてよいものである。それは秩序への忠誠として共同体の紐帯ともなりうる反面で個人よりも全体の統一性を優先させる大勢順応を伴っている。これはたやすく支配される倭人的メンタリティであり、親子関係に擬制されるような「甘えの構造」と呼ばれてもよい相互依存の精神構造が天皇制的システムを成り立たせている。そこでは内輪で強調される和の構造は外部に対する鈍感さと表裏一体となっており、今日では沖縄への差別が示す通りである。これは根本的には天皇制国家が天神と国神の差別の原理に立つことに由来しており、ここでは人間一般に妥当する自然法や人権のような観念が成り立ちにくい。藤田省三の言う「人権なき国」が生まれる理由である。学校教師への『君が代』の強制はその一端にすぎない。

天皇制的統治様式の特性の一つは、古代天皇制が神話や呪術儀礼によって統合していたことが示すよう支配権力を法的規範によって制御しようとする動機に乏しいことである。ここに法的思考がなじまれず、法の支配が不徹底になる背景がある。法の支配の不貫徹は理知的というよりは情緒的で、幾分能天気な倭人の性格と関連している。法の弱体性は特に刑事法に著しく、近代天皇制の最大のスキャンダルが天皇を弑逆しようと企てたというかどで無実の十二人が処刑された大逆事件であったのは不思議ではない。この非立憲的な特性は今日では憲法の問題として表面化しており、これは普遍的規範になじみのない国家と国民が憲法を持て余している姿であろう。天皇制とはすぐれて今日的問題なのである。

天皇制的共同体主義は最悪の場合には矮小化された偏狭として現れる。それは自分の帰属するムラへの盲従となり、ニーチェが「畜群」と呼んだような何事をも承諾する「末人」をもたらし、不当な支配にも抵抗しないひ弱な人間群を生み出す。定評ある倭人の従順性と温和性は政治的には裏目に出ることになる。倭人のやや軽い陽気さは原則を軽視することになり、それは民主主義を制約するだけでなく、そこには全体主義との適合性もないわけではないのである。

10

今日の日本列島は天皇制的政治文化と民主主義という時代の要請の間で困難な状況にあると言える。それは倭人以来の受動的服従という精神の習慣が民主主義の前提である個人の自立化を制約しているからである。温和性という倭人のある種の美点は欠点でもあるという言葉の本来の意味でのジレンマがある。「私の美しい日本」と「東洋の野蛮国」とは表裏の関係にある。こうして民主主義と国家起源に関わる宿業と呼ばれてもよいような統治機構の間には、解きがたい難問（アポリア）が生まれている。

政治的主体が未成熟であることは、遡って見るならば、古代天皇制だけでなく、江戸時代初期や明治にいたって再び生じたように、この国の政治的秩序の形成の際には宗教的権威したがってまた信仰の自由が抑止されたことと関わりがあるであろう。国家が宗教を支配することによって、自分の考えを持たない無思想な国民ができあがる。丸山真男は天皇制が日本人の自由な人格の形成の障害となっていることを見抜いていた。しかしこの受動的服従という伝来の精神は深く国民精神に根差しており、天皇制は多くの日本人の思考停止点になっている。したがって日本人は天皇が存在する限り一人前の政治的主体となりえないであろうが、素朴な否定は無益を運命づけられている。もし一大宗教改革のようなものでもなければ民主主義は至難の業になるであろう。しかし二千年来の慣性が容易に変化することは考えにくい。とすると民主主義の試みは永久革命の苦難になり、それはシジフォスの神話を想起させる。こうしたなかでの依存的自己満足は精神的幼児性の症候でもあろう。

天皇制国家の欠陥は権威や権力に対して構成員が弱体であることにあるから、問題は伝来の共同体主義を共和主義に転轍することであるとも言えよう。その際過剰な集団主義に対する批判は素材を彫琢するという積極的な意味合いを持つことになるであろう。このように見た場合、明治憲法、日本国憲法という違いはありながら、天皇が存在するという条件の中で民主主義の最大化を図ろうとした吉野作造と丸山真男の奮闘が立派なものであったことは疑いない。

引用文献

『古事記』（日本思想大系）岩波書店
『日本書紀』（日本古典文学大系）岩波書店
『先代旧事本紀』（大野七三編）批評社
『秀真伝』（吾郷清彦訳）歴史と現代社

参考文献

浜名寛祐『日韓正宗溯源』喜文堂書店
李炳銑『日本古代地名の研究』東洋書院
『桓檀古記』（鹿島曻訳）新国民社
『三国志』（井波律子他訳）筑摩書房
『三国史記』（井上秀雄他訳）平凡社
一然『三国遺事』明石書店

『江上波夫文化史論集』山川出版社
坂元義種『百済史の研究』塙書房
金廷鶴『百済と倭国』六興出版
『大越史記全書』東京大学東洋文化研究所
井上秀雄『古代朝鮮』講談社
『球陽』角川学芸出版
浜田秀雄『古事記のたどった路』私家版
浜田秀雄『日本の起源』私家版
浜田秀雄『契丹秘史と瀬戸内の邪馬台国』新国民社
木村日紀他『中央亜細亜史　印度史』平凡社
中村元『インド史』春秋社
『上紀』（田中勝也訳）八幡書店
田中勝也『古代史原論』批評社
鈴木靖民他『倭国と東アジア』（日本の時代史）吉川弘文館
大林太良他『隼人』社会思想社
大野晋『日本語の起源』岩波書店
村山七郎他『日本語の起源』弘文堂

金思燁『古代朝鮮語と日本語』六興出版
金容雲『日本語の正体』三五館
Y・アイデルバーグ『日本書紀と日本語のユダヤ起源』徳間書店
長田夏樹『原始日本語研究』神戸学術出版
長田夏樹『邪馬台国の言語』学生社
安部裕治『辰国残映』ブックウェイ
金聖昊『沸流百済と日本の国家起源』成甲書房
石母田正『日本の古代国家』岩波書店
鳥越憲三郎『弥生の王国』中央公論社
鳥越憲三郎『出雲神話の誕生』講談社
柳田康雄『伊都国を掘る』大和書房
『奥野正男著作集』梓書院
A・スラヴィク「古代の言葉に即して見る『邪馬台国』称号考」『無限大』七五号
寺沢薫『王権と都市の形成史論』吉川弘文館
寺沢薫『弥生時代国家形成史論』吉川弘文館
若井敏明『邪馬台国の滅亡』吉川弘文館
山尾幸久『日本古代王権形成史論』岩波書店

田中俊明『古代の日本と伽耶』山川出版社
渡辺光敏『天皇家の渡来史』新人物往来社
渡辺光敏『古代天皇渡来史』三一書房
近江雅和・榎本出雲『逆説としての「記・紀」神話』彩流社
西川裕雄『「記紀」に挑戦してみませんか！』友月書房
田中卓『新撰姓氏録の研究』国書刊行会
門脇禎二『日本海域の古代史』東京大学出版会
門脇禎二『邪馬台国と地域王国』吉川弘文館
門脇禎二『出雲の古代史』日本放送出版協会
真弓常忠『古代の鉄と神々』学生社
畑井弘『天皇と鍛冶王の伝承』現代思潮社
畑井弘『古代倭王朝論』三一書房
畑井弘『物部氏の伝承』講談社
生地亀三郎『国宝人物画像鏡の出土地「妻之古墳」の研究』私家版
日根輝己『謎の画像鏡と紀氏』燃焼社
『三品彰英論文集』平凡社
上田正昭『古代伝承史の研究』塙書房

大和岩雄『神社と古代王権祭祀』白水社
大和岩雄『神社と古代民間祭祀』白水社
松前健『日本の神々』中央公論社
『松前健著作集』第三巻　おうふう
『高良玉垂宮神秘書　同紙背』高良大社
太田亮『高良山史』神道史学会
山中耕作「高良神社の研究㈠」西南学院大学『文理論集』第十巻　第二号
折口信夫『古代研究』角川書店
中野幡能『八幡信仰史の研究』吉川弘文館
『宇佐神宮史』史料編一　宇佐神宮庁
大和岩雄『日本にあった朝鮮王国』白水社
吉田大洋『謎の出雲帝国』徳間書店
『神道大系』古典編十三「海部氏系図」神道大系編纂会
『大神神社史』大神神社
『神道大系』「大神・石上」神道大系編纂会
『神道大系』「賀茂」神道大系編纂会
『稲荷大社由緒記集成』伏見稲荷大社

『諏訪市史』諏訪市
清川理一郎『環日本海　謎の古代史』彩流社
三浦茂久『古代日本の月信仰と再生思想』作品社
岡田精司「天皇家始祖神話の研究」『日本書紀研究』第二冊　塙書房
溝口睦子『王権神話の二元構造』吉川弘文館
『秀真伝』（鳥居礼編）八幡書店
吉田敦彦『日本神話の源流』講談社
『谷川健一全集』冨山房インターナショナル
『丸山真男集』岩波書店
藤田省三『異端論断章』みすず書房
Hemchandra Raychaudhuri,Political History of Ancient India, Oxford University Press

後　記

小著は古代天皇制国家の起源を探ろうとする試論である。

もともと著者は西洋の政治思想史を専攻していたが、西洋の専門家になろうとしていたのではなく、日本を見るために西洋を研究していたようなものである。逆に西洋というものも日本という目を通すことによって見ることができる部分がある。その意味で西洋と日本との区別は便宜的なものにすぎない。そうして大学を退くとともに懸案だった日本古代に目を向けることになったのである。もっとも地球上での日本列島の比重が低下している現在、日本を問題にする意味があるかどうかは幾分疑問もあろう。しかし偶然とはいえ著者もこの群島（Archipelago）に生まれた以上は局外者であるわけにはいかず、書きたくないことも書かざるをえないわけである。

しかし著者は歴史学の専門的訓練を受けてはおらず、その意味では素人である。日本古代史に向き合うことになってまず気が付いたのは、日本歴史の専門家からはあまり得ることがなかったという意外なことである。日本古代史は石橋をたたいて渡っていない印象を与えている。おそらくそれにはかつて支配していたマルクス主義が衰退したことが関わっているであろう。独断的な歴史学が後退したのは結構なことのようであるが、その後に歴史学は明確な方法を得ていないようである。この歴史学の低迷と呼ばれてよいものは、歴史学が考古学化していると表現してもよいであろう。つまりかつてのグランド・セオリーが崩壊し、確実な事実だけを提示する考古学のようなものになっている。これは消極的な意味での実証主義への退避であろう。

日本古代史が行き詰まっているように見えるもう一つの理由は、おそらく日本古代史の研究は日本列島だけを見ては不可能だからであろう。それも中国や朝鮮半島だけでなく、インドや西アジアまで目を向けなければならなくなっている。日本古代史の問題は世界史の中で扱わなければならないものとなっており、それは日本史を専門にしていてはきわめて困難なことであろう。近年の日本古代史がいささか精彩を欠いているのは日本史という枠組み自体から必然的に由来しているようである。

歴史学者から多くを得ることができなかった反面で、著者はアマチュアの研究家とりわけ浜田秀雄や渡辺光敏から大きな裨益を受けている。小著に取り掛かっている時期に最も注目したのは安部裕治の『辰国残映』であったが、学界からは黙殺されたようである。学界がそれより興味ある仕事を出しているとは見えないのであるが。また大嘗祭についてのプロの学者の退屈な学術書を読んでいた時に、たまたまあるアマチュア史家の本を読んで、多くの人が無意識のうちに支配者の目で物を見ているということとともに、アマチュアには論証性に弱点があることに気づくことになった。

従来の歴史学の制約を破ろうとすると、どうしてもこれまで通常は承認されていないような資料にも手を伸ばさなければならないことになる。例えば『東族古伝』である。その信頼性は完全には認められていないようであるが、それをヒントとするかどうかでは、視野に大きな差が生まれることになる。

文献が乏しく考古学からも多くを期待することができない中で著者は神社の伝承をかなり利用している。日本の世俗支配者は神社を営む習性があり、神社は古代の生きた資料のようなところがある。しかし神社の伝承もおいそれと信じることはできないものであり、取捨選択が欠かせない。そのほか地名の研究も参照しているが、これには当て推量の恐れもないわけではない。

こうして著者はあくまでもアマチュアの立場で古代天皇制の成立過程にメスを入れようとしている。しかし信頼性の疑わしい資料に基づくのであれば砂上の楼閣になるであろう。したがって小著はあまり一般的に認められていない資料を使用している部分はプロローグとエピローグに押し込めることになっている。このために通常のソナタ形式の章節編成は採れなくなっている。

それだけでなく現役を退いて道楽として始めた小著の出版には著者自身にも若干の疑いがないわけではないのである。

第一は言うまでもなく中身に関わっており、その不十分さは著者自身が承知していることである。「おそらく」とか「可能性がある」という言い方を多用しなければならなかったのは十分に詰められなかったからである。例えば地名の移動は証明することが困難なものである。そこで物証が求められることになり、まず考えられるのは土器である。このため著者はインドまで古代土器を探しに行ったりしたのであるが、それはほとんど徒労に終わっている。

第二は出版が縮小し、本を読むという文化が衰退している中で、著者には読者が見えなくなっていることがある。小著の読者はもういないか、あるいはまだいないかであろう。

第三は小著の基本テーゼの一つは天皇だけでなく我々はすべて渡来人の子であるということであり、わざわざ読者を困惑させることはなかろうではないかということである。しかし誤解を与える言い方をすれば、著者は国などの小さいものに制約されず、自由に世界を遊動するニーチェ的な超人を理想としている。無論人間とは克服されるべき何者かである、と言うような超人になるためにはよほど強靭な精神を持っていなければならないであろう。普通のひ弱な人間が群がり、強い権力などを求めたがるのは理解できることである。

しかし超人とは言い換えれば民主主義を担う市民を誇張した言い方である。とするとたくましい市民のためには自画自賛によって甘やかされない方がよいであろう。それが公刊に傾くようになった理由である。そのほかこの作業を通じて邪馬台国や卑弥呼という固有名は存在しないこと、継体天皇は百済の昆支王の子であるということに一定の結論を得たので、それは公開した方がよいかもしれないということがある。

もっとも直接的には想定していなかった天皇の代替わりという事態が作用している。冗談で言えば著者の手元には今の天皇家よりも前の王統につながっている系図があり、現天皇家は著者の後輩のようなものである。冗談はさておき、著者にとって天皇の制度は二の次の問題であるが、アキヒト氏は憲法の枠の中ではよくやったと思う。著者はアキヒト氏に背中を押されたようなものである。もっとも小著の狙いは反時局的なところにあるのであるが。

著者も生涯現役ではなく、生前退役を願っている。著者は日本国独特の役所用語で後期高齢者つまり可及的に速やかに死亡が期待される年齢となり、あとは臨終が課題になるだけである。著者は変身して戒名を受ける時のようである。小著は前期高齢者時代の記録であり、著者としてはこれでもって研究的なものは終わりにしたいと考えている。まだ小人閑居して駄文を作ることがあるとしても、それは何ら公共的な意味のない単に私的なよしなし事にとどまるであろう。

小著は学術的な規格を持つものではないけれども、学問がらみのことを終了するについては丸山真男先生の学恩に触れないわけにはいかない。著者は専攻の点から丸山先生の弟子になったことはないが、学生時代から先生の胸を借りて学問的形成をしてきたようなものである。一時はもう丸山先生から学ぶものは何もないと錯覚していたが、今では先生の足元にも及ばなかったことが分かっている。

次いで小市民的な凡庸化が進む中で、師にはない要素を出しえていた唯一の門下生であった藤田省三がいる。「天皇制国家」という用語も藤田から借りたものである。もっとも藤田はその際近代天皇制を考えていたのに対して著者の場合は古代天皇制のことであるが。著者は藤田のユートピア思想は共有していなかったが、この機会に必ずしも安楽ではない晩年を送ったこの大先輩に敬意を表しておきたい。

小著が成立するについては参考文献に挙げたもののほか、時代柄インターネットからかなりの情報を得ている。ネットの情報は玉石混交であるが、そのうち「曲学の徒」（桂川光和氏）などからは系図の読み方などに関して裨益を受けたことを記しておきたい。

大学を退いた著者にこの種のものを可能にさせたのは近所にかなり基本的な本がそろっていた府中市立図書館があったことによるところが大きい。そこを経由して栃木県立図書館、東京都立図書館、国会図書館などの読みたいと思った本はほとんど見ることができた。これらの公共図書館に感謝したい。

終わりに校正の担当者にお礼を申し上げる。西洋思想の言葉の操作に従事していた著者には慣れない歴史的素材の誤記が多く、改めて退場の時を確認することになった。

二〇一九年五月

深草化人

深草化人（ふかくさけにん）

本名　南原一博（なんばらかずひろ）
1944年生まれ。
1968年　東京大学法学部卒業。
中央大学法学部教授を経て現在中央大学名誉教授。

【主な著書】
『政治哲学の変換』未来社
『日本精神史序説』御茶の水書房
『国家の終焉』中央大学出版部
『近代日本精神史』大学教育出版
『ルーツの周辺』パブリック・ブレイン

天皇制国家の古層

2019年6月21日　初版第1刷発行

著　者　深草化人
発行者　中田典昭
発行所　東京図書出版
発売元　株式会社 リフレ出版
〒113-0021　東京都文京区本駒込 3-10-4
電話 (03)3823-9171　FAX 0120-41-8080
印　刷　株式会社 ブレイン

ISBN978-4-86641-244-3 C0021
Printed in Japan 2019
落丁・乱丁はお取替えいたします。

ご意見、ご感想をお寄せ下さい。

［宛先］〒113-0021　東京都文京区本駒込 3-10-4
東京図書出版